医科院校大学生
创新思维与创业实务

陈影　巴淳◎编著

内容提要

本书系统介绍了创新创业的基本概念、创新创业政策与法规、创新思维与方法、创新创业机会识别与商业模式、创业风险识别、创新融资与财务管理、创业者与创业团队、创新创业大赛项目申报等内容。本书既可作为普通医科院校大学生创新创业教材，亦适合对创新创业感兴趣的一般读者。

图书在版编目(CIP)数据

医科院校大学生创新思维与创业实务/陈影，巴淳编著.—上海:上海交通大学出版社，2022.12(2026.1 重印)
ISBN 978-7-313-25941-7

Ⅰ.①医… Ⅱ.①陈… ②巴… Ⅲ.①医学院校—大学生—创业—研究 Ⅳ.①G647.38

中国版本图书馆 CIP 数据核字(2022)第 028448 号

医科院校大学生创新思维与创业实务
YIKE YUANXIAO DAXUESHENG CHUANGXIN SIWEI YU CHUANGYE SHIWU

编　　著：陈　影　巴　淳
出版发行：上海交通大学出版社　　地　　址：上海市番禺路 951 号
邮政编码：200030　　电　　话：021-64071208
印　　制：常熟市文化印刷有限公司　　经　　销：全国新华书店
开　　本：787mm×1092mm　1/16　　印　　张：8.75
字　　数：195 千字
版　　次：2022 年 12 月第 1 版　　印　　次：2026 年 1 月第 3 次印刷
书　　号：ISBN 978-7-313-25941-7
定　　价：43.00 元

编委会

编　著:陈　影　巴　淳

副主编:严　彦　高伟民　陈　真

参编者:王云洁　高　黎　赵　滢　马　华　申　莹　刘　露　段　华　郭　蓉　李　超　李　渊　安　磊　李　欣　米文红　撒晶晶　施增阳　张　峻　邵爱婷　郭家智

Foreword

序

创新是引领发展的第一动力，是建设现代化经济体系的战略支撑。加强创新创业教育，不仅是推进高等教育综合改革、提高人才培养质量的重要举措，也是顺应经济社会发展、实施创新驱动战略的有效措施。

2012 年，教育部印发《普通本科学校创业教育教学基本要求（试行）》（高教厅[2012]4号）文件，首次明确了高校必须开设“创新基础”必修课的基本要求，并对课程的组织进行了详细的规范与指导。2015 年 9 月，李克强总理在夏季达沃斯论坛上提出“大众创业、万众创新”的号召。至此，全国各高校逐步形成了开展创新创业教育的共识，并以课程和实践训练为依托，进一步培养大学生的创新创业精神，完善创新创业人格，挖掘创新创业潜能，培养创新创业素质，提升创新创业实践能力，以创新驱动创业、以创业带动就业，为促进高校毕业生充分就业提供强有力的支持。

习近平总书记强调：“创新是社会进步的灵魂，创业是推动经济社会发展、改善民生的重要途径。青年学生富有想象力和创造力，是创新创业的有生力量。”随着现代医学模式的转变和民众对医疗卫生服务的需求不断变化，服务大健康产业发展的重大战略需要，引领现代健康新风尚，构建更具时代性、实践性和操作性的创新创业教育体系，实现大学生创新创业教育与医疗行业特殊背景的有效结合，成为医科院校开设此类课程的重要主题。

本书作为医科院校学生素质教育的特色教材，坚持以习近平新时代中国特色社会主义思想为统领，注重吸收当前国内外创新创业教育研究的最新成果，以提升大学生创新创业能力为主线，秉持创新引领创业、创业促进就业的理念，以培养具有创新创业精神和实践技能的高素质人才为目标。编者注重结合医科院校学生实际，依照创新创业活动的基本规律，对内容、章节进行合理编排，做到理论与实践的有机结合、通识教育与专业培养的相互衔接、高校普遍性与医科特殊性的内在融合，逻辑清晰、重点突出，可续性强，具有较强的指导性与操作性。

全书共有 9 个章节，系统介绍创新创业的基本概念、创新创业政策与法规、创新思维与方法、创新创业机会识别与商业模式、创业风险识别、创新融资与财务管理、创业者与创业团队、创新创业大赛项目申报等内容。本书既可作为普通医科院校大学生创新创业素质教育教材，亦适合对创新创业感兴趣的一般读者。

同时，本书突破了传统的教育方法与知识传播途径，形成了适应全媒体时代的“智慧课堂”。学生通过手机扫描二维码，可以进一步获得案例、信息与教学资料，对于提高学习积极性、实现多种学习模式的交互应用具有很好的促进作用。

创新迸发动力，创业照亮人生！医学创新创业教育需要高校、社会和每一位学子的共同参与和努力。希望本书能为所有立志在创新创业道路上扬帆的医科学子提供更多的帮助与指导，成功开启属于他们的无限可能，为实现“健康中国2030”规划纲要做出更大的贡献！

李世碧

2022年12月于昆明

Contents

目　录

第一章

创新与创业概述

本章重点

（1）创新、创业的概念及创新理论的发展过程；

（2）创新与创业的关系；

（3）大学生创新创业的意义、机遇与挑战。

习近平总书记2013年10月21日在欧美同学会成立100周年庆祝大会上曾说："创新是一个民族进步的灵魂，是一个国家兴旺发达的不竭动力，也是中华民族最深沉的民族禀赋。在激烈的国际竞争中，惟创新者进，惟创新者强，惟创新者胜。"大学生是大众创业、万众创新的生力军，支持大学生创新创业具有重要意义。

第一节　创新与创业概述

一、创新概述

精选案例1　医生是不是总要在一家医院才能叫"医生"？

同济大学附属东方医院血管外科原主任张强给出的答案是否定的。他放弃公立三甲医院科主任的职位，在2014年建立中国首家医生集团——张强医生集团，定位为静脉病专科，现在上海、北京、广州、成都等13个城市布下静脉病中心网点。

继他之后，《2021中国医生集团发展报告》显示，截至2021年9月30日，中国以医生集团名称注册的企业数量已超2000家。这说明在医疗体制改革的大背景下，越来越多的医生开始多点执业，"医生集团"这种崭新的执业方式应运而生。（完整案例，请扫二维码阅读。）

(一) 创新的概念及特征

创新是一种以新思维、新发明和新描述为特征的概念化过程。其来源于拉丁语innovare,该词有三层含义:第一,更新;第二,创造新的东西;第三,改变。创新是人类特有的认识能力和实践能力,是人类主观能动性的高级表现,是推动民族进步和社会发展的不竭动力。一个民族要想走在时代前列,就一刻也不能没有创新思维,一刻也不能停止创新。

"创新"一词早在《南史·后妃传上·宋世祖殷淑仪》中就曾出现:"据《春秋》,仲子非鲁惠公元嫡,尚得考别宫。今贵妃盖天秩之崇班,理应创新。"其意为创立或创造新的东西。《韦氏词典》对"创新"下的定义为:引入新概念、新东西和革新。也就是说,"革故鼎新"(前所未有)与"引入"(并非前所未有)都属于创新。作为"创新理论"和"商业史研究"的奠基人,美籍奥地利政治经济学家约瑟夫·熊彼特(Joseph Alois Schumpeter, 1883—1950)提出的"创新"定义及其"五种创新"理念时常被人们提及。现代管理学之父彼得·德鲁克(Peter F. Drucker)影响了数代追求创新的学者和企业家。德鲁克认为,创新并非发明或者创意,而是为客户创造新的价值,即推出一种新产品、新服务或新流程,满足客户尚未被满足的需求。他将创新分为产品的创新、管理的创新、社会的创新。我国人民教育家陶行知认为,所谓创新,就是在劳力上劳心,即在做的过程中,开动脑筋,手脑并用,把东西做得更好、更完美。

从哲学角度来说,创新是人的实践行为,是人类对于发现的再创造,是对于物质世界矛盾的利用。人类通过对物质世界的再创造,制造新的矛盾关系,形成新的物质形态。从社会学角度阐述,创新是指人们为了发展,运用已知的信息和条件,突破常规,发现或产生某种新颖、独特的有价值的新事物、新思想的活动。综合以上界定可以看出,创新是指以提出有别于常规或常人思路的见解为导向,利用现有的知识和物质,在特定的环境中,本着理想化需要或为满足社会需求,而改进或创造新的事物、方法、元素、路径、环境,并获得一定有益效果的行为。

(二) 创新理论的发展

通过对创新理论形成的背景和创新政策的决策理念、机理进行对比,可将创新理论的发展分为创新理论的产生、技术创新理论的发展和制度创新理论的发展三个阶段。

1. 创新理论的产生

美籍奥地利经济学家熊彼特是创新理论的奠基人。他最早在1911年出版的德文版《经济发展理论》一书中,就论述了关于经济增长非均衡变化的思想。此书在1934年被译成英文时,使用了"创新"(innovation)一词。1928年,熊彼特首次提出了创新是一个过程的概念,并在1939年出版的《商业周期》一书中比较全面地提出了创新理论。熊彼特认为,创新要"建立一种新的生产函数",即"生产要素的重新组合",就是要把一种从来没有过的关于生产要素和生产条件的"新组合"引进生产体系中去,以实现对生产要素或生产条件的"新组合"。"企业家"的职能就是实现"创新",引进"新组合"。他提出了产品创新、技术创新、市场创新、资源配置创新、组织创新五种创新理念:①产品创新即采用一种新的产品;②技术创新即采用一种新的生产方法;③市场创新即开辟一个新的市场;④资源配置创新即探取或控制原材料或为半制成品提供一种新的供应来源;⑤组织创新即实现任何一种工业的新的组织。

熊彼特认为，资本主义的本质特征是创新、重新组合和经济发展，离开了创新也就没有资本主义，更没有资本主义的发展。他把资本主义理解为一个在破坏中创新、在创新中发展、在创造中毁灭的生命变化过程，强调生产技术的革新和生产方法的变革在资本主义经济发展过程中的至高无上的地位与作用，把创新和生产要素的新组合看成资本主义最本质的特征，是联结科学技术进步与经济增长、经济发展的一个转换媒介。熊彼特从经济运动的内部去寻找推动经济增长、社会进步、历史发展的深厚基础和本质动因，强调创新活动在资本主义历史发展进程中的主导作用。

1950 年熊彼特去世后，西方经济学家对其创新理论进行了进一步的发展和完善，并形成当代西方创新经济学。它主要包括两个方面内容，一是以技术变革和技术推广为对象的技术创新经济学；二是以制度变革和制度建设为对象的制度创新经济学。

2. 技术创新理论的发展

战后美国的一些经济学家，如戴维、卡曼、施瓦茨、曼斯菲尔德、戴维斯、诺斯等循着熊彼特的创新思想进行了进一步的研究，提出了技术创新理论。

1）“起始点”理论

1971 年美国经济学家戴维(Paul Davis)提出了企业规模“起始点”的理论。该理论提出一个企业要采用一种新技术至少需要达到一定的规模。如果企业规模过小，采用该种新技术就可能使产品成本提高，竞争力下降，并使盈利减少，在经济上是不合算的。企业使用某种新技术所需达到的企业最小规模，必须是使用该种技术后所能节省的劳工费用除以使用该种新技术所需负担的年均成本之商，即企业最小规模是使用新技术后所能节省的成本，至少要达到或等于使用新技术所花费的年均成本。因此，企业规模起始点越小，投资越少，采用新技术的企业数量就会越多，新技术就越容易推广和扩散。所以，戴维认为，降低企业规模起始点是推广新技术的一个重要手段。

2）技术创新与市场结构选择理论

20 世纪 70 年代，经济学家卡曼(M. I. Kanien)、施瓦茨(N. Schwarts)等人从垄断与竞争的角度对技术创新的过程进行了研究，探讨了技术创新与市场结构的关系，提出了最有利于技术创新的市场结构类型。施瓦茨把市场竞争程度、企业规模和垄断强度三个因素综合于市场结构之中来考察，发现最有利于创新活动开展的是垄断竞争型的市场结构。因为在完全竞争的市场条件下，企业规模一般较小，无法保障技术创新所需的持久收益，难以筹集技术创新所需的资金、物资条件，同时也缺少技术创新所需的广阔市场，因此难以产生较大的技术创新动机。而在垄断统治的条件下，由于缺乏竞争对手的威胁，企业重大创新的活力难以被激发。介于垄断和完全竞争之间的垄断竞争的市场结构，既避免了上述两种极端市场结构的缺陷，又兼有两者之优点。因此，垄断竞争型的市场结构是最适宜于技术创新的市场结构。

3）新技术推广和扩散的理论

美国耶鲁大学教授曼斯菲尔德(E. Mansfield)对新技术的“推广”问题进行了深入的研究，分析了新技术的推广速度和影响其推广的各种经济因素。为此，他提出了“模仿”“守成”“模仿率”“模仿比率”和“守成比率”几个概念。“模仿”是指某个企业首先采用一种新技术之后，其他企业则以它为榜样而采用该种新技术。“守成”是指某个企业首先采用一种新技术之后，其他企业并不继起效仿，而是仍使用原有的传统技术。“模仿率”是指实行模仿的企业采用新技术的速度。“模仿比率”是指采用某种新技术的企业占企业总数之比率。“守成比率”是指不采用新技术而仍使用原有技术的企业所占的比重。曼斯菲尔德以模仿率和模仿比率来表示新技术推广的速度，进而研究影响新技术推广速度的各种经济因素。一般来说，一项新技术刚诞生时，企业由于信息短缺和经验不足，担心风险较大，往往望而却步，因此守成者较多。但随着情报和经验的增加，风险减少，模仿者便逐渐增多，守成者逐渐减少，于是模仿比率逐渐增大。

3. 制度创新理论的发展

美国经济学家戴维斯(L. Davis)和诺斯(D. C. North)在1971年出版的《制度变革和美国经济增长》一书中，研究了制度变革的动因和过程，并提出了制度创新模型，从而补充和发展了熊彼特的制度创新学说。制度创新是指为使创新者获得追加利益(潜在市场利益)而对现行制度进行变革的种种措施与对策。通过制度变革可以建立起某种新的组织形式或经营管理形式。股份公司的出现、工会制度的产生、社会保障制度的建立等，都是制度创新的结果。

诺斯认为，促成制度创新的主要因素有：第一，规模经济性。市场规模扩大，商品交易额增加，促使人们通过制度变革来降低经营管理成本，获取更多经济利益。第二，技术经济性。生产技术和工业化的发展，城市人口增加，企业规模扩大，促使人们去进行制度创新，以获取新的潜在经济利益。第三，预期收益刚性。社会力量为防止自己预期收益下降而采取制度变革措施。例如在通货膨胀持续的情况下，工资、利息等固定收入者就会要求实行收入指数化制度，以保障自己的实际收入不因通货膨胀而下降或不至于下降得过快过多。

(三) 中国特色创新理论

习近平总书记对创新的重要性、内涵和方法论都做出了系统阐释。第一，创新是引领发展的第一动力，要始终把创新摆在第一位。坚持创新发展，是分析近代以来世界发展历程特别是总结我国改革开放成功实践得出的结论。在经历了30多年的高速发展后，中国经济已经难以依靠粗放的要素投入，出现了高投资速度逐渐下降、引进外资的数量趋于稳定、人口红利逐渐消失等问题。因此，经济新常态下必须从创新中探寻未来增长的动力源泉，积极发展新技术、新应用，不断提高资源能源效率和全要素生产率。

第二，创新的内涵包括理论创新、科技创新、体制创新、制度创新、人才创新等方面。在中国的创新实践中，科技创新的引领作用不断凸显，习近平总书记在多次讲话中强调只有抓住科技创新这个“牛鼻子”，才能真正实现有质量、可持续的全面创新，才能最终建成屹立于世界潮头的创新型国家。

第三，实施创新驱动发展战略，最根本的是要增强自主创新能力，最紧迫的是要破除体制机制障碍，最大限度解放和激发科技作为第一生产力所蕴藏的巨大潜能。对如何提高自主创新能力，习总书记强调要发挥社会主义制度优越性，集中力量办大事，抓重大、抓尖端、抓基本。这就要求我们不断提高对科学研究和重大战略技术攻关的投入，重点突破被发达国家封锁、“卡脖子”的关键技术，提升自主研发能力和水平。

二、创业概述

精选案例 2　医学生卖面包怎么就浪费了？

黄晓斌，浙江大学医学院硕士研究生毕业，出生于一个普通家庭，是家中独子。对于父母而言，儿子学习成绩优秀是他们一直深感欣慰的事情，尤其是2006 年，儿子以 634 分的成绩考入浙江大学医学院，这让他们自豪不已。

然而，2013 年，就在黄晓斌 7 年半的本硕连读即将毕业之际，事情一下子“跑偏了”。当时，黄晓斌已着手办理出国读博，在准备托福考试时，他看到了英国广播公司纪录片《保罗教你做面包》，一个奇怪的念头萌生了——开家面包店。2015 年 3 月，黄晓斌的第一家面包店在港湾家园一个只有 20 平方米的铺面里开业了。（完整案例，请扫二维码阅读。）

（一）创业的概念

在《孟子・梁惠王下》“君子创业垂统，为可继也”中，创业的意思是在前人所开创的基础之上，不断发展新的事业。《辞海》中“创业”的释义为“开创基业”。“创业”一词早在二三百年前就出现在经济文献中，而到 20 世纪 80 年代，创业开始出现在学术研究领域中。创业是一个综合性很强的概念，涉及的学科种类很多，包括管理学、社会学、心理学、经济学和人类学等。

被誉为创业教育之父的杰弗里・蒂蒙斯（Jeffry A. Timmons）教授认为，创业能够激发人们的创造力，促进全人类的发展，开创一个更美好的世界。

前哈佛商业出版社董事长霍华德・斯蒂文森（H. H. Stevenson）教授对创业的定义是：“创业是一个人（不管是独立的还是在一个组织内部的）追踪和捕获机会的过程，这一过程与其当时控制的资源无关。”这个定义强调了创业的过程性，强调了察觉机会、追逐机会的意愿及获得成功的信心和可能性。

综合上述学者的观点，本书把创业定义为，创业者运用自己所掌握的知识和能力，利用现有的有限资源，通过个人的努力，在特定的环境中，努力创新、寻求机会，从而不断创造价值的过程。

（二）大学生创业的意义

1. 大学生创业是国家产业结构调整和经济增长方式转变的必然要求

目前，创新、创业、创造已经成为世界经济发展的主流，尤其是在后金融危机时代，发展创业型经济已经是大势所趋。作为一个特殊的创业群体，大学生正处在从理论到实践、从求知到创业的重要转折时期，他们具有更强的创新观念、创新冲动和创新精神，无疑是最具潜在优势的创业群体。

大学生创业是适应经济社会发展，特别是适应国家产业结构调整和经济增长方式转变的必然要求，是推动创新型国家建设的重要方式。同时，大学生创新创业有利于各种有效资源向新型产业和企业聚集，激发新的创新能力，创造新的商业模式，研发出新产品，催发经济新活力，形成新的消费潜力，促进经济结构迅速调整和转型升级，为新常态下经济平稳发展增添持久动力。

2. 大学生创业可以带动就业和提高就业水平

大学生是未来我国经济建设的主力军，大力推进大学生创新创业能够以创业带动就业，扩大就业领域，有效缓解目前严峻的就业压力。根据麦可思《2020 年中国大学生就业报告》的相关统计数据显示，现如今，我国大学毕业生中自主创业的人数一直保持增长态势，2019 届本科毕业生自主创业比例为 1.6%，高职毕业生自主创业比例为 3.4%。随着毕业时间的增加，自主创业的学生比例持续上升，毕业三年内上升至 8.1%。

近年来，大学毕业生的人数逐年递增。2021 年中国大学应届毕业生为 909 万人，比前一年增加 35 万人，创历史新高。尤其是 2020 年发生的新冠肺炎疫情使得大学毕业生求职就业困难重重。在此背景之下，鼓励大学生创业，不仅可以进一步提高社会就业水平、增强社会各行业各领域的自主创新能力，而且可以为大学生增加就业渠道，更能够有效地缓解当前的人才市场供需矛盾和就业问题。

3. 大学生创业助力“双创”政策的实施推进

2014 年 9 月夏季达沃斯论坛提出“大众创业，万众创新”的战略思想。2015 年的政府工作报告进一步树立了“创新发展、创造梦想、创业升华”的时代理念。国务院陆续颁布了关于大力促成大众创业、万众创新形成的系列政策，指出大众创业、万众创新是我国的必要之策，推进以创新为核心的创业文化形成，能够带动就业，是实现国民富强的根本之策。

大众创业、万众创新政策是政府为广大人民群众提供平台，为民众就业开辟道路，其本质就是政府调控和带动就业，从根本上来看，更有利于具有高学历和专业技能的人，尤其是大学生群体进行创业。

（三）创业的类型

1. 基于创业的初始条件

芝加哥大学教授阿玛尔·毕海德教授在 2000 年出版的《新企业的起源与演变》中，从不确定性和投资两个维度构建了一个投资、不确定性与利润的动态模型。他强调创业并不单纯指企业或创业团队创建新的企业，大企业同样有创业行为。据此他将创业概括为五种类型。

（1）边缘企业：在行业中处于次要和补充地位、产品是辅助或补充产品、市场占有率低的企业；

（2）冒险型的创业：关注不确定性程度高，但投资需求少的市场机会的企业；

（3）与风险投资融合的创业：关注不确定性程度低、广阔而且发展迅速的市场、产品或技术的企业；

（4）大公司的内部创业：关注有丰厚利润的市场机会，缺乏对不确定性机会的识别和把握能力的企业；

（5）革命性的创业：关注技术生产经营过程方面实现巨大创新、向顾客提供超额价值的产品和服务的企业。

2. 基于创业的效果

基于创业行为在组织层面和社会层面的效果，可将创业分为：

（1）组织层面和社会层面都是负的创业行为，属于失败创业，如破产了的污染企业。

（2）组织层面为负而社会层面为正的创业行为，属于催化剂式创业，如万燕VCD公司虽然制造了世界上第一台VCD机，却因不符合市场规律，一时盛起，也快速失败，但它催化出了中国一个巨大的新兴音像产业，为他人做了嫁衣。

（3）组织层面为正而社会层面为负的创业行为，属于重新分配式创业，如国内钢铁行业的低水平的重复建设。

（4）组织层面和社会层面都为正的创业行为，属于成功创业，如星巴克开创了一个全新的休闲方式；戴尔开创的直销订购模式等，取得了企业、消费者和社会层面多赢的效果。

3. 基于创业主体

根据创业活动的主体差异，可以将创业活动分为个体创业和公司创业。个体创业主要指与原有组织实体不相关的个体或团队的创业行为，而公司创业主要指由已有组织发起的创造、更新与创新活动。虽然在本质上，公司创业和个体创业有许多共同点，但是由于起初的资源禀赋、组织形态、战略目标等不同，两者在创业的风险承担、成果收获、创业环境、创业成长等方面也有很大的差异。

三、创新与创业的关系

（一）创新是创业的手段和本质

创业是创新的特殊形态，换言之，不少创新是需要通过创业的方式实现的。特别是技术创业，因其本质是对新技术的商业化应用，所以技术创业的核心就是技术创新。在现代经济中，创业企业必须进行有效的自主创新，只有不断地进行生产技术革新，才能与时俱进并保持持久的活力，从而实现技术创新成果的商品化和产业化，获得自主品牌，进而创造利润和价值。

技术创新是创业的重要切入点。从历史角度看，分别以蒸汽动力的改革和应用、电力的广泛应用和电子计算机的广泛应用为特征的三次技术革命，引起了社会生产的深层次变革，振兴了相关产业，也造就了大批集科学家、技术发明家和产业巨头于一身的科技实业家，特别突出的有爱迪生、诺贝尔、西门子、贝尔等。他们用自己的科学发现、技术发明成功创业，积累了巨大的财富，成就了辉煌事业，他们的成长历程为当代青年大学生关注技术创业、投身科技产业提供了光辉典范。目前，人类社会正在从第三次技术革命逐步转向以新材料技术、新能源技术等的广泛应用为主要标志的更高的发展阶段。从技术发明、技术改良到终端产品的创新发明与规模化生产，周期越来越短，这在客观上对传统生产方式形成巨大冲击的同时，也为掌握高新知识与高新技术的青年大学生提供了很好的创业环境。

（二）创新是创业的需要

相对于世界上已有的、已存在的资源型国家和依赖型国家，创新型国家的建设必然呈现出一种全面创新与艰苦创业的过程。现代管理学的奠基人彼得·德鲁克(Peter F. Drucker)断言:"没有创业型的经济不可能出现创新型的国家。"建设创新型国家,从本质上要求高校培养出能够适应时代发展要求、致力于全面创新和艰苦创业的大批优秀学子,为创新型国家建设提供充足的优质人力资源。高校是知识与人才的集聚地,浓郁的学术氛围、活跃的校园文化为开展以技术创新为特征的大学生创业教育提供了有利条件。

(三) 创新是创业获得市场认可的手段

大学生既没有资金,也没有社会关系,更没有相关的工作经验,而他们所拥有的正是社会所需要的创新精神和能力,只有运用自身的技术创新能力才能在创业的道路上获得"第一桶金",从而成为成功的创业者。当代大学生群体是伴随着商品经济、互联网经济的飞速发展而成长起来的,尽管他们身上存在着这样那样的不足,但是相较于他们的父辈、祖辈,他们更容易接受新观念、新事物。崇尚拼搏、敢于挑战、追求成功的总体特征,使得他们最有可能成为技术创新的生力军。

(四) 创业是创新的载体

创新是对人的发展的总体把握,创业是人的价值的具体体现。仅仅具备创新精神是远远不够的,因为它只是为创业成功提供了可能性和必要的准备,如果脱离了创业实践,缺乏一定的创业能力,创新精神也就成了无源之水、无本之木。创新精神所具有的意义,只有作用于创业实践活动才能有所体现。

有研究显示,个体的创新与创业是一个入口与出口的关系,个体想要在社会上创业成功,首先需要在入口处培养创新意识、创新思维、创新的实践能力,形成创新的整体素质。然后在此基础上再培养创业意识、创业认知、创业能力,在出口处与社会进行对接,按市场的需求进行发展,成为具有创新创业能力和素质的人才。这样的人才既有创新的思维和能力,又能在实践中掌握创业的本领,最后才能成功创业。

因此,创新和创新有着密切的联系,二者是相辅相成的。现实中,要十分清晰地将某项活动界定为是创新而不是创业,是不太容易的;反之亦然。因为创新和创业本来就是一个整体。相应的,创业教育中必然包含创新教育,创新教育中也必然包含创业教育。

第二节　大学生创新创业的机遇与挑战

精选案例 3　李天天,丁香园创始人的故事

李天天,丁香园创始人、董事长,哈尔滨医科大学肿瘤免疫学硕士毕业,2000年创办丁香园。当时,正就读于哈尔滨医科大学的李天天,留意到学校师生们面对海量的专业信息,尤其是在初次接触网络时,没有足够的检索技巧,并不能充分利用浩如烟海的互联网信息资源,这一发现促使他萌生了建立专业检索网站的念头,希望能通过网站的形式,分享自己所学到的知识,并提供资料查阅功能。当年7月23日的早晨,李天天把网站文件上传到网易提供的50M免费空间里,"丁香园医学文献检索网”正式成立了。在此后的几年间，这个页面粗糙、功能简单的网站，渐渐成为中国医生的精神家园。2006 年李天天放弃博士学位全职创业，主要负责丁香园的战略发展、政府事务以及投资者关系。（完整案例，请扫二维码阅读。）

一、大学生创新创业现状

2006 年，全国科技大会提出建设创新型国家战略，并颁布了《国家中长期科学和技术发展规划纲要(2006—2020)》，以创业带动就业，持续推进创新创业逐步上升到国家发展战略层面。2020 年政府工作报告中指出：“要深入推进大众创业万众创新，深化新一轮全面创新改革试验，新建一批双创示范基地。”创新创业热潮带动了新型产品、新的商业模式和新型产业的出现，有效地促进我国经济结构转型升级。在客观环境日益优化的同时，高校也在持续加强对大学生创新创业能力的培育。作为创新创业的重要力量，大学生群体在具备一定优势的同时，依然面临各种困境与挑战。

（一）大学生创新创业的现状

1. 大学生创新创业好奇心强烈，但缺乏实践平台

总体而言，我国大学生创业尚处于起步阶段。越来越多的大学生了解并接受创业的理念，大部分大学生有创新的意向，创业的好奇心强烈，大学生的自主创业氛围高涨，但是围观“叫好”的多，真正“叫座”的少。想创业的人数达到一定数量，但是真正付诸实践的比例不大，大学生仍然把政府部门、大型国有企业、事业单位和外资企业作为择业的首选目标，从自主择业到自主创业的步伐迈得还不够开。

同时，高校大学生创新创业实践基地建设有待进一步完善，创业实践基地形式单一、设施落后、师资不足，并不能真正发挥在孵化创新项目、组织创业实践和链接创业资源方面的功能和作用。创新创业教育是一种实践性、技术性很强的实践课程，学生的创新创业能力只有在实践中才能得到有效的发展，但是部分高校的创业教育实践基地建设远远不能适应创新创业人才培养的需要，无法满足大学生开展创新创业实践活动的需求。

2. 大学生创新创业思维敏捷，但成功比例较低

青年学生是思维最活跃、想象力最丰富和创新想法最密集的群体。在创新创业校内课程的开授过程中，授课教师广泛反映广大青年学生能够在课程中积极提出创新想法，对创新思维的训练也表现出极大的兴趣，对模拟实践问题也能够灵活提出应对计划，表现出了极大的思维敏捷性和活跃性。但雅虎网站的创办人之一杨致远指出，不管是在中国还是在美国，创业者成功的机会非常少，创业能做到一个小成功的人大概只是十分之一，中成功是百分之一，大成功大概是千分之一、万分之一。虽然我国创业大学生的比例在不断增高，然而成功率只有 2%～3%，即使在浙江等创业环境较好的省份，大学生创业成功率也只有 5%左右，与美国 20%的大学生创业成功率相差近 4～6 倍，创业成功率偏低。

3. 大学生创新创业比赛和项目实践机会增多，但质量不够高

将大学生培养成为推动国家创新创业发展的主力军，是摆在高校创新创业教育工作面前的首要任务。但从目前的情况来看，高校的创新创业课程重基础理论传授、轻实践能力

训练的现象普遍存在，校内创新大赛、创业比赛等活动越来越多，但很多项目学仅停留在撰写项目计划上，真正付诸实践的并不多。

（二）大学生创新创业面临的困境

1. 创新创业知识和能力不足

大学生在进行创新创业活动时，也倾向于选择风险性低、技术含量低、与个人专业匹配、规模不大且符合自己兴趣的传统行业，例如快餐店、打印店、个体工作室等。究其原因，一方面是这些行业需要的启动资金较少，准入门槛不高，风险相对较低，有利于学生积累创业经验；另一方面，生活类的经营项目，消费群体大，经营管理容易，对创业者素质要求不高，更容易上手。但从本质上分析，当前大学生对创业、经营的认知尚停留在浅表层面，创新思维与创业能力不强，欠缺承担风险的心理素质，难以有效支撑创业活动，创新创业知识、能力有待持续提升。

2. 创新创业启动资金匮乏

足够的创业资金，能够给创业者带来强有力的经济支持，帮助创业者将美好的创业想法和具有前景的创业项目变为现实。但是大学生还没迈入社会或刚迈入社会，自身没有经济基础，也缺少能够提供资金支持的社会关系网络，加上又很难获得金融机构贷款融资，因此广泛存在启动资金匮乏的问题。虽然目前大学生创业的贷款扶助政策力度持续加大，但在创业的过程中除了前期资金投入外，还需要充足的资金来保障项目的维持和运营。因此，许多创业大学生只能选择合伙投资，甚至最终放弃创业行动。

3. 创新创业实践经验缺乏

大部分大学生的创新创业设想来源于在书本和生活中获取的有限创业信息，完整规范的创业计划书比较少见，或者即使形成了详细的创业计划书，也只是借鉴书本上的理论和他人的实践，对创业过程中的许多流程性问题缺少认知，例如在如何领营业执照、如何宣传推广等实际操作方面缺乏经验。再加上创业需要有足够的人脉、产品资源和客户资源，但这些都是刚毕业的大学生最缺乏的，而且这些社会资源的累积往往也需要较长时间，是初创业的大学生难以快速达成和获取的。

除此之外，大学生并没有亲自进行过市场调研，对于市场信息和目标对象需求的了解片面，不能对市场进行准确的分析，制定的方案往往会受当时的爱好、社会热点所左右，容易脱离市场实际情况，缺少必要的前瞻性，缺乏可行性和操作性。加之大多数大学毕业生的创业热情高涨，往往会盲目乐观，对市场环境发生的突然变化措手不及，因而很容易失败。有些大学生创业失败后使自己及家庭背上沉重的经济负担，还有一些创业者可能会产生一定的心理负担甚至影响以后的生活与工作。

4. 创新创业的环境有待进一步优化

虽然当前国内高校不断加大对创新创业的教育力度，社会中的鼓励创新创业的趋势也越来越明显，但由于观念、机制和政策等因素的制约，对大学生创新创业的引导力度还不够，在社会范围内还未形成支持创新创业、尊重创新创业的浓厚氛围。也较少有家长支持大学生投身到风险大、不稳定的创业中，浙江大学医学院硕士黄晓斌开面包店一开始得不到父母支持就是很好的例证。此外一些企业和投资公司对大学生的创新创业能力存在质疑，使得大学生在商业交往中遇到很大的阻碍。加之对大学生创业的政策支持体系不够完善，大学生创业者在融资等方面容易出现瓶颈，导致创业陷入困境，甚至最终失败。

二、当前大学生创新创业的新机遇

随着国家经济发展步入新常态，尤其是互联网技术的融入，社会各个产业都发生了深刻变革，这为大学生创新创业带来了崭新的机遇。

（一）“互联网+”为各行各业带来了发展机遇

互联网技术为行业的发展提供了新的机遇，越来越多的行业依靠互联网技术成功转型，例如传统的农业发展更多地采用人力劳作，而传统的农业现在与网络技术相结合，转变为农业互联网。

随着现在网络技术的不断发展，越来越多的大学生将创业平台转向网络环境，“互联网+”成为现代创业的新引擎，这不仅是创业方式的改变，同时也是创业意识的改善。互联网经济最大的特点，就是它是一种新型的关联经济。如今，许多行业都从过去封闭的一个价值链走向开放的生态体系。大学生在这一社会背景下，也拥有相对更多的创业机会，同时也就会有更多新的选择。

（二）政府进一步出台和完善大学生创业优惠政策

大学生创业少不了政策的扶助和政策，这就要求政府持续加大资金投入，完善创业融资政策，开拓创业融资新渠道。当前国家各级政府部门先后出台了许多支持鼓励政策，涉及融资、开业、税收、创业培训、创业指导等诸多方面；各地政府部门也推出了针对大学生的创业孵化园区、创业教育培训中心等，以鼓励和扶持大学生自主创业。当下中国经济将长期面临较为复杂的内外部环境，相关部门将会继续提出和完善提振内需、强化核心技术研发、创新融入生产的相关鼓励政策，进一步为大学生创业提供强有力的支撑和保障。

（三）高校持续加强大学生创新创业教育

1. 完善创新创业教育教学体系

目前我国很多高校都很重视大学生创新创业教育，加大师资力量投入，丰富教育教学形式，增强教学的实效性和针对性，让学生学习更多的创新创业知识。同时，积极引导大学生参加创业实践，鼓励学生进行经验交流；建设高校创业孵化基地，为大学生创业提供了实践平台。

2. 加强学生创业心理素质培养

学生在创业过程中会遇到很多风险和挑战，要承受很大压力，这就要求创业者除了应具备必要的创业知识外，还应具有较强的心理素质，较强的责任心、团队意识，承受风险的勇气。高校在日常管理、素质教育、校园文化中要注重对学生心理素质的培养。

3. 积极搭建学生创业平台

目前我国很多高校都建立了大学生创业园、大学生创业孵化器等，积极搭建创业桥梁，为大学生提供创业基金申请、税务法律咨询、行业背景研究及项目投资分析等一系列服务，真正为创业者提供帮扶。

4. 加强培养大学生的创业能力

很多高校开始探索和采用体验式、沉浸式的创新创业实践，比如让大学生在政府和高校的支持下自负盈亏地承包经营校内商铺，作为一名经营者切实体验经营的过程。这种创新的教育形式和实践模式不仅给大学生提供了提升管理能力的机会，还能够锻炼大学生的创业决策力和创造力，从而提高创业成功率。

（四）大学生开始有意识提升创新创业能力

1. 认真学习专业课知识和创新创业知识

越来越多的大学生意识到在校期间要将专业课知识认真学好、学精，提升自己的专业素质，这样在选择创业目标时，就会有更多的选择空间；同时，大学生越来越主动加强对创业知识的学习，包括国家关于创业的政策、法律，创业所在领域的专门知识，相关的商业知识如合法的开业知识、营销知识、资金及财务知识等以及社会知识及其他知识，为将来创业做好知识准备。

2. 不断提高自身的综合实践能力

综合实践能力对于创业来说是十分关键的，当前大学生比以往更加积极参加校内的各项创新创业实践活动，如大学生创业计划大赛、大学生创新型实验计划等；也更愿意通过校内外的社会实践活动来了解市场、了解社会，如兼职实习、寒暑期社会实践等，并在此过程中提高自己的综合能力。同时，在创业过程中，无论是融资、销售，还是宣传、合作，都离不开人际沟通和交往，甚至很多时候，创业者自身拥有的社会资源和人际关系，会对创业活动形成关键性的影响，所以大学生都非常重视积极提升自身的公共关系维系、人际沟通交往等社会能力。此外越来越多的大学生开始注重培养良好的心理素质，勇于冒险的勇气和敢于挑战困难的意志。比如网易创始者丁磊在回忆自己当初的决定和选择时说："我自己对当时这个选择的看法是，Internet 刚进入中国，我周围的许多同事和我一样，都看到了机会的存在，但是到今天为止，只有我一个人出来做互联网。我认为这一点值得思考。在你的一生中，你会面对许多这样的"机会"，但你能否认定它就是真正的机会，并且为了这个机会作出百分之百的努力，甚至不惜改变自己原有的、较好的、稳定的生活状态？选择冒险，确实需要魄力。但同时，你要知道，你或许已给自己选择了一条成功之路，创业需要冒险！"

思考题

（1）谈一谈你对创新、创意与创业的理解。

（2）结合本章的创业故事，谈一谈在知识快速迭代的当下，应当如何借助科技的力量进行创新创业？

第二章

创新创业政策与法规

本章重点

(1) 大学生创新创业政策出台的背景、发展阶段和内容;

(2) 云南省大学生创新创业政策;

(3) 大学生创新创业法规。

党的十九大以来,国家出台了各类政策鼓励大学生创新创业,自此之后,我国的大学生创新创业政策进入了全面实施和推进的阶段。大学生创业者要想创新创业成功,除了要具有优秀的创新素养、创业能力外,还要了解和熟悉创新创业法规,明确法律界限,为自己创业梦想的扬帆远航树立坚固的法律屏障。

精选案例 1 大学生买卖微信号　如此创业自陷法网

2020 年 4 月,言飞(化名)从同学小谭那里得知,出租自己的微信账号给别人用就能挣钱,言飞通过小谭和专门收取微信账号的人(上线,在逃)联系上,将多名同学、朋友的微信二维码提供给上线,上线按每个微信账号使用一天 100 元的标准支付给言飞好处费。上线利用这些微信账号进行网络诈骗活动,多名被害人上当受骗。2020 年 6 月,一名被害人报案,本案得以案发。言飞从中仅非法获利 4 600 余元。2021 年 9 月 28 日,河南省洛宁县人民法院以帮助信息网络犯罪活动罪判处言飞有期徒刑十个月,缓刑一年,并处罚金 1.5 万元,依法没收违法所得。为了蝇头小利,买卖好友微信号获罪,这样值不值得?

第一节　大学生创新创业政策

一、大学生创新创业政策概述

1989年,联合国教科文组织主办的“面向21世纪教育国际研讨会”在北京召开,会上提出“要将事业心与开拓技能教育提高到学术性与职业性教育同等重要的地位”,创业教育至此开始走进人们的视野。

20世纪90年代,大学生创业逐渐受到社会各界的关注,为更好推进大学生创新创业工作,鼓励高校开展创新创业教育与孵化扶持的政策陆续出台。2000年后,我国制定大学生创业扶持政策的步伐逐渐加快。从2002年教育部首次将清华大学、北京航空航天大学等九所大学列为创业教育的试点高校,到2014年教育部在《关于做好2015年全国普通高等学校毕业生就业创业工作的通知》中提出实行弹性学制,允许学生休学创业,同时要求各高校加强对创业大学生的指导,并加大对大学生创业的资助力度,再到2016年国务院办公厅在《关于建设大众创业万众创新示范基地的实施意见》中,公布了首批全国“双创”示范基地,其中包括清华大学、上海交通大学、南京大学、四川大学四所大学,大学生创业政策完成了由试点向全国铺开的战略部署。我国的大学生创业政策经历了以下四个发展阶段。

第一阶段:探索萌芽阶段(1998—2002年)——政策制定主体单一,教育模式停留在理论阶段。

1998年,第一届“清华大学创业计划大赛”的成功举办,这是国内大学首次尝试引入创业计划大赛,也标志着创新创业教育进一步推广实施。1998年年底,教育部随即发布了《面向21世纪教育振兴行动计划》,明确提出应“加强对教师和学生的创业教育,采取措施鼓励他们自主创办高新技术企业”。随后,各地鼓励大学生创新创业的实施办法、政策意见如雨后春笋不断涌现,如上海市发布的《关于上海市鼓励大学毕业生自主创业若干意见(试行)》是全国较早鼓励高校毕业生进行创业的地方性政策。此外,共青团中央与教育部等部门分别于1999年、2000年、2002年举办大学生“挑战杯”创业计划竞赛,此类大赛具有较强的权威性,逐渐受到大学生的青睐。2002年,教育部组织举办了普通高校“创业教育”试点工作会议,会上将清华大学等九所国内高校列为试点院校,并提供相应的政策支持。在这一阶段,我国的政策制定主要以提倡与鼓励创业为主,未对创新创业教育的相关措施进行实质性规定,高校创新创业教育更多地停留在理论层面,大学生创业政策体制尚处于探索萌芽阶段。

第二阶段:逐步推进阶段(2003—2007年)——政策制定主体多元化,重视具体优惠扶持政策。

随着高校大规模扩招,更多的学生得以接受高等教育,但随之而来的问题是毕业生的就业压力与日俱增。通过大学生创业来缓解就业压力的方式引起了我国政府的重视。

2003年5月，国务院发布了《关于做好2003年普通高等学校毕业生就业工作的通知》，要求对从事个体经营的大学毕业生减免管理类与登记类等各项行政事业性费用，并为其提供创业担保与小额贷款。2003年6月，国家工商总局下发了相关通知，针对2003届大学毕业生从事个体经营活动制定了较为具体的收费优惠政策。2004年4月，共青团中央、劳动和社会保障部共同发布了《关于深入实施"中国青年创业行动"促进青年就业工作的意见》，提出在创业意识的普及、创业能力的培养、创业服务的提供、创业环境的优化、就业服务的完善等五个方面积极行动，支持并指导高校毕业生等青年通过创业进行就业。2005年，我国各部门相继提出了与大学生创业相关的很多政策，如《关于进一步做好2006年高校毕业生就业有关工作的通知》《关于进一步加强创业培训推进创业促就业工作的通知》等，进一步增强对大学生创业的扶持力度。相对于上一阶段，在这一阶段创业政策制定主体更加多元化，国务院以及国家工商总局、共青团中央、劳动和社会保障部、财政部、国家税务总局等均颁布了相应政策。此外，政府更加重视大学生创业在缓解就业压力方面的作用，从主要关注创业教育发展到重视相应的优惠与扶持政策等。同时各省份开始结合国家层面的政策制定出台具有地方特色的创业政策，大学生创新创业政策体系已初步形成。

第三阶段：全面深化阶段(2008—2012年)——重视全面创业教育的提供及师资力量的培养。

2008年的金融危机使得全球经济陷入困境，我国的经济增长速度也逐渐放缓，这对劳动力市场造成了强烈冲击，许多企事业单位为缩减人员开支纷纷裁员。与此同时，高校扩招步伐的加快也使大学毕业生的就业压力进一步加大，就业形势更为严峻。在这样的情形下，鼓励大学生创业逐渐成为减缓大学生就业压力的重要途径。大学生创业的扶持政策数量增加、发布频率加快，同时有更多的政策制定主体参与进来，包括工业和信息化部、中华全国工商业联合会、中国人民银行等。在这一阶段，大学生创业政策主要呈现以下两个特点：第一，政府的关注点从出台具体优惠扶持政策到提供创业服务；从单纯注重大学生创业技能的提高到开始重视包括大学生创业意识的形成、创业知识的丰富等在内的全面创业教育，从根本上提高大学生的创业率。第二，注重创新创业教育师资力量的培养，例如教育部在2010年颁布的《关于大力推进高等学校创新创业教育和大学生自主创业工作的意见》要求各地各部门积极引导并支持高校开展创新创业师资的培训。此外，教育部主办的"全国高校创业教育骨干教师高级研修班"有效地整合了创新创业教育师资，给各高校提供了相互交流的平台，促进了师资水平的整体提升。

第四阶段：完善与发展阶段(2013年至今)——重视政策的落实与持续改革。

在此阶段，政府出台了较多政策文件以推进大学生创业政策的落地显效。例如，国务院办公厅下发了《关于做好2013年全国普通高等学校毕业生就业工作的通知》，要求各地各部门进一步完善创业政策，降低高校毕业生的准入门槛，为其创业提供更加完善的税费减免、小额担保贷款及贴息等优惠服务。2015年，人力资源和社会保障部发布的《关于做好2015年全国高校毕业生就业创业工作的通知》要求各地各部门落实大学生创业的各项优惠政策(如创业培训、创业服务及小额担保贷款与税收优惠等政策)，真正方便大学生投身于创业活动。2018年，教育部发布了《教育部关于做好2019届全国普通高等学校毕业生就业创业工作的通知》，明确指出要"推动双创升级，着力促进高校毕业生自主创业"，提出应当全面深化创新创业教育的改革，完善并落实创新创业优惠政策，加大对应届毕业生在创新创业方面场地、资金、税收等的扶持力度，强化针对应届毕业生的创业指导与服务。2020年3月，为减轻新冠肺炎疫情对高校毕业生创业的不利影响，教育部强调应特别重视大学生创业政策的落实，要求各地教育行政主管部门与全国各高校会同有关部门落实大学生创业优惠政策。在这一阶段，相关政府部门进一步关注创新创业教育，不仅加大对大学生创业的扶持力度，同时更加重视创业政策的切实履行与改革发展，大学生创业政策体系已日趋完善。

二、云南省大学生创新创业政策

自2009年以来，云南省人民政府相继出台了《云南省人民政府关于鼓励创业促进就业的若干意见》(云政发[(2009)31号])、《关于印发云南省鼓励创业贷免扶补实施办法(暂行)的通知》(云政办发[(2009)60号)])、《关于印发云南省鼓励创业贷免扶补实施办法细则(暂行)的通知》、(云人社发[2009]76号)、《云南省鼓励创业贷免扶补实施办法细则(暂行)的补充通知》、《云南省大学生创业园区建设工作实施意见》等政策与规定，主要从以下方面推进大学生创新创业。

(一)资金支持，促进创业

为了缓解创业人员启动资本约束，降低创业门槛，云南省制定了以“贷免扶补”为核心内容的创业政策。具体政策措施为：一是以“统一担保、免予抵押、免收利息”方式为创业者提供不超过5万元的创业小额贷款(2011年5月以后大学生创业贷款额度提高到10万元)；二是对大学生创业人员创业实行“四减免”，即免收登记类、证照类和管理类行政事业性收费，给予税收优惠，创业者申请创业小额贷款免反担保，创业小额贷款3年内按规定减免利息；三是对首次创业成功人员提供创业补助，即对首次创业人员创业并稳定经营一年以上、招用我省一定数量的劳动者就业并签订劳动合同的，给予一次性创业补贴。

(二)建立创业促进组织领导机制，强化多头联动

为了促进“条”“块”结合，进一步明确各职能部门工作职责，形成多部门共同服务的合力，云南省政府确立了相关部门的工作职责和服务措施：成立了省、地区(州)、县(市)就业再就业工作领导小组，统一领导和组织实施全省及地方各级政府鼓励创业“贷免扶补”工作；明确省人力资源社会保障厅为多职能联动牵头单位，省财政厅、省工商局、省卫生厅和省地税局等职能部门按照职责分工落实有关政策和工作，政府就业经办机构、工会、共青团、妇联、工商联、个私协会具体承办鼓励创业“贷免扶补”工作，农村信用社具体负责“贷免扶补”金融业务服务。

(三)加强创业活动的帮扶服务

为了降低新企业设立与初期成长的成本，促进大学生创业设想在市场中切实实施，政府制定了创业咨询培训、项目评审推荐、创业小额贷款、创业导师、后续跟踪等五项“一条龙”的创业服务，要求任何一个创业承办部门都要按照这五项的基本内容和统一的工作流程来开展创业服务工作，为创业学生提供高效、便捷、有效的帮扶与支持。

第二节 大学生创新创业政策解读

一、大学生创新创业的政策支持

大学生创业通常缺乏强有力的人力、物力和财力的支持，且自身的创业知识和经验也较为欠缺，如果盲目创业很有可能失败。近年来，国家和各级政府相继出台了一系列政策文件，为大学生构建良好的创业环境，从融资、开业、税收、创业基地、创业培训、创业服务、平台建设等方面为大学生创业提供帮助。

（一）以创业基地建设和创业氛围营造为主的创业环境构建类政策

第一，创业基地的建设。为解决大学生创业会因为场地而受到限制这一问题，各地政府投入专项资金建设了各种创业孵化基地、创业园等，不仅为大学生创业提供了场地支持，还对大学生入驻创业提供了各种优惠政策。例如，各省市相继对大学生入驻创业孵化基地给予房租及保险补贴，建设大学生创业园并对入园创业的大学生实行免房租水电、贴息贷款等优惠政策，同时，为大学生搭建多个创业基地，免费为大学生配备电脑、桌椅等办公用品，大幅度节约大学生的创业准备时间。云南省采取多种政策鼓励支持高校毕业生自主创业，例如，在毕业年度内创办个体工商户、个人独资企业的，3 年内按每户每年 8000 元为限额依次扣减其当年实际应缴纳的增值税、城市维护建设税、教育费附加、地方教育附加和个人所得税，限额标准最高可上浮 20%。对高校毕业生创办的小型微利企业，首次创业人员除国家和云南省规定的必须缴纳的行政收费外，2 年内免征营业税、城市维护建设税、教育费附加、地方教育附加和个人所得税。对符合条件的自主创业高校毕业生，可在创业地按规定申请创业担保贷款，贷款额度最高不超过 20 万元；毕业 2 年以内的普通高校毕业生从事个体经营（除国家限制的行业外）的，自其在工商部门首次注册登记之日起 3 年内，免收管理类、登记类和证照类等有关行政事业性收费。

第二，创业氛围的营造。良好的创业氛围可以激发大学生的创业热情，因此各地方政府积极通过各种渠道宣传创新创业，营造创业氛围。一方面，按照《教育部关于大力推进高等学校创新创业教育和大学生自主创业工作的意见》（教办〔2010〕3 号）文件要求，政府各部门联合高校向大学生传播创业思想和理念，同时为大学生解读政府的各项创业扶持政策，打消大学生的创业顾虑，在校园内营造良好的创业氛围；另一方面，各地政府加大舆论宣传，通过新闻、网络、广告等各种途径宣传大学生创业政策、创业典型代表等，以榜样的力量引导大学生积极创业。例如，广东出台了《关于实施广东省大学生创业引领计划（2014—2017 年）的通知》，实施大学生创业引领计划，在全省范围内树立创业典型并进行宣传推广，由此引导和鼓励大学生自主创业；山东对创业文化和氛围的构建也非常重视，在总结创业经验、树立创业典型的基础上，积极弘扬创业文化，扎实推进“创业齐鲁乐业山东”建设，为广大创业者提供了鲜活的创业范例。

（二）以市场准入、税费减免为主的创业商务支持类政策

大学生的创业经营过程涉及很多商务活动，如企业注册、资格准入、税费缴纳等，这些事务的办理需要耗费较多的精力和资金，因此各地政府出台了一系列的商务支持政策，协助大学生更快更好地创业。

商务支持政策主要有以下两类：一是市场准入政策，即对注册资金、经营场所等放宽标准，使更多的大学生获得创业机会。例如，上海、北京、深圳、杭州等地出台了注册资本“零首付”政策，允许大学生投资注册公司时可“零首付”，注册资本在一定期限内分期支付即可；在经营场所方面，山东对大学生注册公司的经营场所的限制有所放宽，并不严格限制其对经营场所的选择；另外，成都对大学生创业时营业执照的办理、期限等都放宽了限制，为大学生提供便利和支持。二是税费减免政策。公司经营过程中缴纳的各种税费对大学生来说是不小的经济负担，除国家层面出台的大学生创业税费减免政策外，各地政府也都出台了相关规定，以减轻大学生的经济压力。例如，长沙规定大学生自主创业 3 年内，减免其营业税和个人所得税的地方所得部分；杭州的各种税收优惠政策都适用于大学生创业；云南对大学生创业免收 3 年的各类行政事业费用；成都提高了大学生创业的营业税起征点，为大学生节省费用；山东则在 2010 年出台了 20 多项针对大学生创业的税收优惠政策。

（三）以创业培训指导、创业服务平台搭建为主的创业服务类政策

虽然当前国家和地方政府大力支持大学生创业，但我国创业的大学生所占的比例与发达国家相比不高，这与大学生创业知识和技能不足、创业意识薄弱等有一定的关系。为此，各地政府开始重视创业服务政策的出台，力争为大学生提供全方位的创业服务。主要表现在以下两个方面：

第一，开展创业培训指导。创业知识和技能的掌握直接影响大学生创业的成功率，国家和各地政府都非常重视对大学生创业培训的指导，希望将先进的创业思想、理念和技术传递给大学生，为大学生创业提供助力。例如，辽宁实施了“万名大学生创业培训计划”，对进行创业培训的机构和大学生提供一定的补贴和扶持；除此之外，福建开展的“十百千万”创业助力计划、天津制定的大学生创业实训制度等，对成千上万的创业大学生进行了技能和项目培训，并且在培训完成后，为大学生提供一定的创业补贴和奖励，以支持他们更好地创业。

第二，创业服务平台的搭建。创业服务平台不仅可以为大学生创业提供各种服务，还可以使创业大学生之间实现资源共享，有效促进大学生创业的开展。一是建立各种创业服务中心，如隶属地方政府的大学生创业服务中心、政府牵头的各种公益服务机构和组织、各地民间公益团体等，他们为大学生提供法律、商务、金融、管理、外贸、科技等方面的咨询和协助服务；二是建设信息化平台，除教育部建设的“全国大学生创业服务网”之外，地方政府也都建立了各自的创业服务网站，为大学生提供创业政策、融资、场地、服务等方面的信息。

二、金融税收政策

充足的资金支持是决定一个项目成功与否的关键性因素，大学生创业所面临的最大障碍就是缺乏启动资金。

针对这个问题，国家税务总局从2006年3月2日开始，就相继下发了《关于对从事个体经营的下岗失业人员和高校毕业生实行收费优惠政策的通知》《关于改进和完善小额担保贷款政策的通知》等一系列政策，对高校学生自主创业的资金、税费、社会服务、舆论支持等做了明确的规定。例如在大学生资金存在不足的情况下，能申请50 000元以下的小额担保贷款等，基本的时间限制为2年。此外其本身还享有税收以及行政管理费用的相关优惠。

当前各地政府出台的大学生创业融资扶持政策主要有以下几种：一是无偿资助政策，即政府建立专项资金，用于资助大学生创业，但无偿资助通常数额不大。例如，2009年四川设立5 000万元的大学生创业专项资金，实施了"千名高校毕业生创业"计划，资助几千名大学生顺利创业；杭州对大学生创业非常重视，提供的无偿资助数额较大，同时对所资助项目引入风投专家测评，提高了大学生创业的成功率；长沙对大学生创业实施的无偿资助的范围较广，使得更多的大学生受益，同时在配备资助方面做得较为成功。二是小额担保贷款政策，即对创业大学生在小额贷款方面给予优惠和补贴，如对大学生创业贷款免除担保手续，简化贷款程序，提高放款效率，给予一定时间的全额贴息等，缓解了大学生创业的资金压力。三是创业基金，很多地方政府会设立专门的基金来支持大学生创业，最早设立创业基金的是上海。上海于2005年设立大学生科技创业基金，投入1.5亿元用于资助大学生创业。随后，浙江、湖北、福建等也都纷纷成立了类似的基金，由政府出资为大学生提供创业资助，扶持大学生创业。

三、公共服务政策

（一）公共政策在扶持大学生创业中的功能

公共政策在常态社会中的基本功能有三种：引导、调控和分配，而在面对社会转型时公共政策还会发挥均衡稳定、促进公平正义以及推动变革等功能。对于大学生创业其功能主要体现在引导、调控和推动。

1. 引导功能

政策导向功能一般借助目标和价值要素来实现，确立政策想要达到的目标，制定配套的措施，以此引导人或物朝着政策想要达到的目标发展。正如政府出台政策支持大学生创业，这本身传达出的信号是政府希望大学生能积极创业，并在努力建设有益于大学生创业的环境。另外，大学生创业政策可以引导高校毕业生树立科学的创业观，以创业代替就业，勇于开拓创新，实现人生理想；同时，增加了对大学生创业的宣传，引起社会各界关注，使大学生创业的社会认可度得到提升。最后，还可以为大学生创业指引方向，明确政策导向，并积极利用政策带来的正面影响促进企业健康发展。

2. 调控功能

政策的调控功能是指政府利用政策来对社会中人和物的发展施加作用，或者是制约其发展，或者是促进其发展。之所以要通过政策调控人和物，原因是社会按照一定客观规律有序运行时各方会存在复杂的利益冲突，而且这种利益冲突是有弹性和可替代的。当前我国政府积极出台政策支持大学生创业的原因，一是高校毕业生数量多，就业压力大，鼓励大学生通过创业来解决自身就业问题有助于实现社会资源的最优化配置；二是当前社会处于转型时期,需要积极利用创新驱动来引领经济发展,大学生创业可以增加社会活力;三是当前大学生创业面临着复杂的社会利益冲突,而这些冲突是他们自身无法破除的,需要利用政策工具来调控。

3. 推动功能

在社会转型时期,政策还可以发挥促进社会变革求新的功能,即政府可以通过政策来破除旧的机制和结构,形成新的制度和组织机构。当下我国与大学生创业相适应的社会氛围和基础设施都还比较欠缺,政策制度和组织机构也没有完全更新,相关的法律规范不够完善。此种情况下政府通过明确的有针对性的政策在全社会范围内扶持大学生创业,积极为大学生创业扫除障碍,对于有志创业的大学生群体是极大的推动和鼓舞。

(二)大学生创新创业公共政策的现实影响和意义

1. 增强市场经济的活性,丰富产业成分

大学生的创业行为不仅仅是个人行为,更是关系到市场发展变化的实践行为,充分体现了大学生从个人价值到社会价值的实现过程。在社会公共政策的充分支持下,市场经济的产业内容得到丰富,产业活力被带动起来,更有助于我国经济的长远发展。

2. 增强政府的社会公信力,创造就业岗位

大学生创新创业公共政策的实施需要政府的引导,以政府的敏锐视角和整体统筹为大学生创业保驾护航。大学生创新创业公共政策的实现能够体现政府的行动力和执行力,提升政府的社会公信力。大学生创新创业能够缓解大学生的就业压力,开拓大学生的就业视角,让他们在以创新创业实现自我价值的同时,为社会创造更多的就业岗位。

3. 提升青年群体的社会责任

大学生创新创业是其社会责任感的具体呈现,通过公共政策的实施将青年群体的社会责任感充分地激发出来,让青年人感受到社会对他们的发展给予的支持和机会,让他们将自身的发展和社会的进步紧密地联系在一起,社会责任感也充分地得到提升,这对于社会的稳定和和谐发展亦有重要的现实影响。

第三节　大学生创新创业法规

一、大学生创新创业法规概述

学习创新创业法规,对提高大学生创新创业的法治意识和法治素养,降低法律风险,激发他们的活力和潜力,有着重要作用。

第一,创新创业法规能为大学生创新创业提供坚固的法律保障。无法律既无自由。为保障劳动就业这项公民的基本权利和最大民生的实现,国家以宪法确认劳动者的劳动权,并以劳动法、劳动合同法等法律法规予以具体保护,建构起保护创新创业的法律保障体系。

第二,创新创业法规能为大学生创新创业提供充足的动力支撑。由于对法律风险的认知不足,很多大学生在遇到法律问题时不能及时有效应对,不能保护自己的合法权益甚至

导致创新创业陷入困境。

第三,创新创业法规能为大学生创新创业营造良好的法律环境。法律制度是除了行政手段和财政措施之外促进创新创业的重要手段。加强创新创业法规教育,对促进大学生创新创业高质量发展有重要意义。

二、大学生创新创业的基础性法规

随着市场经济规则越来越完善,只有遵纪守法的创新创业者才能在市场经济中真正立足和持续发展。创新创业者要知法懂法守法护法,树立守法经营的观念,才能开拓一个良好的生存发展空间。此外,法律对创新创业不仅有约束作用,同时也给予法律保护。

(一) 基本权利义务

宪法是我国的根本大法,拥有最高法律效力。宪法第四十二条规定,中华人民共和国公民有劳动的权利和义务。由此可见,劳动就业权是公民的基本权利之一,宪法对此予以特殊保护。国家通过各种途径,创造劳动就业条件,加强劳动保护,改善劳动条件,并在发展生产的基础上,提高劳动报酬和福利待遇。

(二) 开办公司、个体工商户等的规定

民法典中规定,自然人从事工商业经营,经依法登记,为个体工商户。个体工商户只有领取了营业执照,拥有了合法身份,才可以开展各项法定的经营业务。个体工商户的债务,个人经营的,以个人财产承担;家庭经营的,以家庭财产承担;无法区分的,以家庭财产承担。法人应当依法成立,有自己的名称、组织机构、住所、财产或者经费。法人的民事权利能力和民事行为能力,从法人成立时产生,到法人终止时消灭,以其全部财产独立承担民事责任。营利法人包括有限责任公司、股份有限公司和其他企业法人等。营业执照签发日期为营利法人的成立日期。设立营利法人应当依法制定法人章程,设立权力机构、执行机构。营利法人从事经营活动,应当遵守商业道德,维护交易安全,接受政府和社会的监督,承担社会责任。非营利法人包括事业单位、社会团体、基金会、社会服务机构等。

公司法中规定,本法所称的公司是指依照本法在中国境内设立的有限责任公司和股份有限公司。公司是企业法人,有独立的法人财产,享有法人财产权。公司以其全部财产对公司的债务承担责任。有限责任公司的股东以其认缴的出资额为限对公司承担责任;股份有限公司的股东以其认购的股份为限对公司承担责任。公司从事经营活动,必须遵守法律、行政法规,遵守社会公德、商业道德,诚实守信,接受政府和社会公众的监督,承担社会责任。公司的合法权益受法律保护,不受侵犯。设立公司,应当依法向公司登记机关申请设立登记。设立有限责任公司,应当具备下列条件:①股东符合法定人数;②有符合公司章程规定的全体股东认缴的出资额;③股东共同制定公司章程;④有公司名称,建立符合有限责任公司要求的组织机构;⑤有公司住所。设立股份有限公司,应当具备下列条件:①发起人符合法定人数;②有符合公司章程规定的全体发起人认购的股本总额或者募集的实收股本总额;③股份发行、筹办事项符合法律规定;④发起人制订公司章程,采用募集方式设立的经创立大会通过;⑤有公司名称,建立符合股份有限公司要求的组织机构;⑥有公司住所。

（三）雇佣员工

学习劳动法与劳动合同法，明确劳动合同双方当事人的权利和义务，构建与发展和谐、稳定的劳动关系，为大学生创新创业顺利就业（作为劳动者）、招募员工（作为用人单位）奠定良好的法律基础，避免因为不懂法，而失去法律保护的屏障或陷入违法的泥沼。

劳动法规定，劳动者享有平等就业和选择职业的权利、取得劳动报酬的权利、休息休假的权利、获得劳动安全卫生保护的权利、接受职业技能培训的权利、享受社会保险和福利的权利、提请劳动争议处理的权利以及法律规定的其他劳动权利。劳动者应当完成劳动任务，提高职业技能，执行劳动安全卫生规程，遵守劳动纪律和职业道德。用人单位应当依法建立和完善规章制度，保障劳动者享有劳动权利和履行劳动义务。劳动合同是劳动者与用人单位确立劳动关系、明确双方权利和义务的协议。建立劳动关系应当订立劳动合同。订立和变更劳动合同，应当遵循平等自愿、协商一致的原则，不得违反法律、行政法规的规定。劳动合同依法订立即具有法律约束力，当事人必须履行劳动合同规定的义务。

劳动合同法规定，劳动合同由用人单位与劳动者协商一致，并经用人单位与劳动者在劳动合同文本上签字或者盖章生效。以欺诈、胁迫的手段或者乘人之危，使对方在违背真实意思的情况下订立或者变更劳动合同的；用人单位免除自己的法定责任、排除劳动者权利的；违反法律、行政法规强制性规定的劳动合同无效或者部分无效。劳动合同的解除包括协商解除、劳动者单方解除和用人单位单方解除三种情形。用人单位不得解除劳动合同的情形包括：从事接触职业病危害作业的劳动者未进行离岗前职业健康检查，或者疑似职业病病人在诊断或者医学观察期间的；在本单位患职业病或者因工负伤并被确认丧失或者部分丧失劳动能力的；患病或者非因工负伤，在规定的医疗期内的；女职工在孕期、产期、哺乳期的；在本单位连续工作满十五年，且距法定退休年龄不足五年的；法律、行政法规规定的其他情形。

（四）创新创业成果的法律保护

大学生创新创业的重要成果之一便是发明创造，最终成品就是专利、商标、著作。为保护自己的合法权益，大学生必须了解通过智力活动创造的成果所依法享有的权利（知识产权）。大学生创业项目多集中于软件开发、网络服务、设计等高科技领域和智力服务领域，面临的主要风险就是知识产权风险。

专利法规定，对违反法律、社会公德或者妨害公共利益的发明创造，不授予专利权。职务发明创造申请专利的权利属于该单位；申请被批准后，该单位为专利权人。非职务发明创造，申请专利的权利属于发明人或者设计人；申请被批准后，该发明人或者设计人为专利权人。任何单位或者个人实施他人专利的，应当与专利权人订立实施许可合同，向专利权人支付专利使用费。未经专利权人许可，实施其专利，即侵犯其专利权，引起纠纷的，由当事人协商解决；不愿协商或者协商不成的，专利权人或者利害关系人可以向人民法院起诉，也可以请求管理专利工作的部门处理。

商标法规定，商标注册人享有商标专用权，受法律保护。自然人、法人或者其他组织在生产经营活动中，对其商品或者服务需要取得商标专用权的，应当向商标局申请商标注册。法律、行政法规规定必须使用注册商标的商品，必须申请商标注册，未经核准注册的，不得在市场销售。申请注册和使用商标，应当遵循诚实信用原则。申请商标注册不得损害他人现有的在先权利，也不得以不正当手段抢先注册他人已经使用并有一定影响的商标。侵犯注册商标专用权引起纠纷的，由当事人协商解决；不愿协商或者协商不成的，商标注册人或者利害关系人可以向人民法院起诉，也可以请求工商行政管理部门处理。

著作权法规定，中国公民、法人或者其他组织的作品，不论是否发表，依法享有著作权。著作权人行使著作权，不得违反宪法和法律，不得损害公共利益。著作权属于作者，即创作作品的公民，另有规定的除外。使用他人作品应当同著作权人订立许可使用合同，规定可以不经许可的除外。

（五）发生纠纷的相关规定

当大学生创新创业者的合法权益受到侵害时，如何运用法律武器维护自己的合法权益呢？了解我国诉讼法的规定，有助于充分行使法律规定的诉讼权利，履行法律规定的诉讼义务。

民事诉讼法规定，人民法院受理公民之间、法人之间、其他组织之间以及他们相互之间因财产关系和人身关系提起的民事诉讼。对公民提起的民事诉讼，由被告住所地人民法院管辖；被告住所地与经常居住地不一致的，由经常居住地人民法院管辖。对法人或者其他组织提起的民事诉讼，由被告住所地人民法院管辖。因合同纠纷提起的诉讼，由被告住所地或者合同履行地人民法院管辖。因侵权行为提起的诉讼，由侵权行为地或者被告住所地人民法院管辖。当事人对自己提出的主张，有责任提供证据。

刑事诉讼法规定，被告人有权获得辩护，人民法院有义务保证被告人获得辩护。人民法院、人民检察院和公安机关应当保障犯罪嫌疑人、被告人和其他诉讼参与人依法享有的辩护权和其他诉讼权利。刑事案件的侦查由公安机关进行，法律另有规定的除外。人民检察院在对诉讼活动实行法律监督中发现的司法工作人员利用职权实施的非法拘禁、刑讯逼供、非法搜查等侵犯公民权利、损害司法公正的犯罪，可以由人民检察院立案侦查。自诉案件，由人民法院直接受理。

行政诉讼法规定，公民、法人或者其他组织认为行政机关和行政机关工作人员的行政行为侵犯其合法权益，有权向人民法院提起行政诉讼。当事人在行政诉讼中的法律地位平等。人民法院受理公民、法人或者其他组织提起的下列诉讼：对行政拘留、暂扣或者吊销许可证和执照、责令停产停业、没收违法所得、没收非法财物、罚款、警告等行政处罚不服的；申请行政许可，行政机关拒绝或者在法定期限内不予答复，或者对行政机关作出的有关行政许可的其他决定不服的；认为行政机关滥用行政权力排除或者限制竞争的；认为行政机关侵犯其他人身权、财产权等合法权益的等等。

大学生在创业中一定要了解上述基础性法规。比如在开办企业之前需要准备好公司名称、去银行开立公司验资户、起草“公司章程”，开办时需要到工商局办理营业执照、组织机构代码证，特许经营的还需要符合相应的资质和条件，随后需要刻公章、财务章、申领税务登记证、开设银行基本户等。比如雇佣员工时，需要了解劳动法、劳动合同法及知识产权法的相关规定，明白劳动合同应包括哪些基本条款，以便保障自身和公司的合法权益。不知法不懂法不守法，轻则造成经济损失，重则官司缠身、影响正常生活以及公司未来的经营发展。

三、医学院校大学生创业的法律规定

（一）设置的条件和程序

医疗机构管理条例规定，任何单位或者个人，未取得《医疗机构执业许可证》，不得开展诊疗活动。申请医疗机构执业登记，应当具备下列条件：有设置医疗机构批准书；符合医疗机构的基本标准；有适合的名称、组织机构和场所；有与其开展的业务相适应的经费、设施、设备和专业卫生技术人员；有相应的规章制度；能够独立承担民事责任。在城市设置诊所的个人，必须同时具备下列条件：经医师执业技术考核合格，取得《医师执业证书》；取得《医师执业证书》或者医师职称后，从事五年以上同专业的临床工作等；省、自治区、直辖市卫生计生行政部门规定的其他条件。

医疗机构管理条例实施细则规定，不得申请设置医疗机构的情形有：不能独立承担民事责任的单位；正在服刑或者不具有完全民事行为能力的个人；发生二级以上医疗事故未满五年的医务人员；因违反有关法律、法规和规章，已被吊销执业证书的医务人员；被吊销《医疗机构执业许可证》的医疗机构法定代表人或者主要负责人；省、自治区、直辖市政府卫生计生行政部门规定的其他情形。同时，以上个人也不得充任医疗机构的法定代表人或者主要负责人。

（二）管理

医疗机构管理条例规定，医疗机构执业必须遵守有关法律、法规和医疗技术规范。对限于设备或者技术条件不能诊治的病人，应当及时转诊。未经医师（士）亲自诊查病人，医疗机构不得出具疾病诊断书、健康证明书或者死亡证明等证明文件；未经医师（士）、助产人员亲自接产，医疗机构不得出具出生证明书或者死产报告书。医疗机构施行手术、特殊检查或者特殊治疗时，必须征得患者同意，并应当取得其家属或者关系人同意并签字；无法取得患者意见又无家属或者关系人在场，或者遇到其他特殊情况时，经治医师应当提出医疗处置方案，在取得医疗机构负责人或者被授权负责人员的批准后实施。

药品管理法规定，从事药品研制、生产、经营、使用活动，应当遵守法律、法规、规章、标准和规范，保证全过程信息真实、准确、完整和可追溯。在中国境内上市的药品，应当经国务院药品监督管理部门批准，取得药品注册证书；但是，未实施审批管理的中药材和中药饮片除外。申请药品注册，应当提供真实、充分、可靠的数据、资料和样品，证明药品的安全性、有效性和质量可控性。从事药品生产活动，应当经所在地省、自治区、直辖市人民政府药品监督管理部门批准，取得药品生产许可证。无药品生产许可证的，不得生产药品。

（三）从业人员

执业医师法规定，未经医师注册取得执业证书，不得从事医师执业活动。医师在执业活动中还必须遵守相关的执业规则，包括实施医疗、预防、保健措施，签署有关医学证明文件，亲自诊查、调查，并按照规定及时填写医学文书，不得隐匿、伪造、篡改或者销毁医学文书及有关资料。不得出具与自己执业范围无关或者与执业类别不相符的医学证明文件。对急危患者，医师应当采取紧急措施进行诊治；不得拒绝急救处置。应当使用经依法批准的药品、消毒药剂和医疗器械，采用合法、合规、科学的诊疗方法。除按照规范用于诊断治疗外，不得使用麻醉药品、医疗用毒性药品、精神药品和放射性药品。医师不得利用职务之便，索要、非法收受财物或者牟取其他不正当利益；不得对患者实施不必要的检查、治疗。

执业药师资格制度规定，取得《执业药师资格证书》者，应通过全国执业药师注册管理系统向所在地注册管理机构申请注册。经注册后，方可从事相应的执业活动。未经注册者，不得以执业药师身份执业。执业药师应当遵守执业标准和业务规范，以保障和促进公众用药安全有效为基本准则。执业药师必须严格遵守药品管理法及国家有关药品研制、生产、经营、使用的各项法规及政策。执业药师负责处方的审核及监督调配，提供用药咨询与信息，指导合理用药，开展治疗药物监测及药品疗效的评价等临床药学工作。

护士条例规定，从事直接接触有毒有害物质、有感染传染病危险工作的护士，有依照有关法律、行政法规的规定接受职业健康监护的权利；患职业病的，有依照有关法律、行政法规的规定获得赔偿的权利。护士执业，应当遵守法律、法规、规章和诊疗技术规范的规定。护士在执业活动中，发现患者病情危急，应当立即通知医师；在紧急情况下为抢救垂危患者生命，应当先行实施必要的紧急救护。护士发现医嘱违反法律、法规、规章或者诊疗技术规范规定的，应当及时向开具医嘱的医师提出；必要时，应当向该医师所在科室的负责人或者医疗卫生机构负责医疗服务管理的人员报告。

（四）医疗纠纷处理

医疗事故处理条例规定，医务人员在医疗活动中发生或者发现医疗事故、可能引起医疗事故的医疗过失行为或者发生医疗事故争议的，应当立即向所在科室负责人报告，科室负责人应当及时向本医疗机构负责医疗服务质量监控的部门或者专（兼）职人员报告；负责医疗服务质量监控的部门或者专（兼）职人员接到报告后，应当立即进行调查、核实，将有关情况如实向本医疗机构的负责人报告，并向患者通报、解释。发生医疗事故的，医疗机构应当按照规定向所在地卫生行政部门报告。发生导致患者死亡或者可能为二级以上的医疗事故、导致 3 人以上人身损害后果等重大医疗过失行为的，医疗机构应当在 12 小时内向所在地卫生行政部门报告。后续做好病例资料、查房记录、讨论记录、病程记录等资料，以及现场实物封存、规范启封、医疗事故技术鉴定、责任认定、争议调处裁判、医疗事故赔偿等工作。

医学院校的学生想要运用自己所学进行创新创业，必不可少就是要了解医疗机构管理条例、医疗事故处理条例等的规定。因为篇幅所限，这里只是列举了一部分应用比较多的条文，但现实生活中涉及的远远不止这些。充分了解法律规定，不仅是为了顺利地创新创业，更是为了合法地规避潜在的风险，避免遭受不必要的重大损失，为创新创业的行稳致远而保驾护航！

小贴士

医学院校的学生要想将创新创业落到实处，无法绕开申请发明专利、开办医疗机构等。要想保护自己的成果、维护自己的权利，请认真学习了解法律规定，为创新创业保驾护航！

思考题

（1）如果你想申请一种医疗器械的发明专利，该怎么做？

（2）如果你想要开办一家诊所，需要具备哪些法律规定的条件和手续？

第三章

创新思维与方法

本章重点

（1）创新思维的内涵、特征与类型；

（2）阻碍创新思维产生的最主要因素；

（3）思维导图法、头脑风暴法、设计思维法和六帽思维法等创新思维的培养方法。

创新是社会发展的源泉和动力。在今天的经济社会发展中创新无处不在，而创新离不开创新思维。当代大学生必须了解创新思维的内涵和特征、创新思维的主要方法、阻碍创新思维产生的最主要因素等，才能在今后正确运用创新思维和方法进行创新活动。

精选案例 1 海盗船 CT 机给儿童带来全新的就医体验

通用电气公司医用成像设备设计师道格迪兹在医院目睹了小女孩在接受 CT 检查时被吓哭的场景，并调查发现：医院中近 80%的儿科患者需要服用镇静剂才能完成 CT 检查。运用创新思维方法，道格迪兹团队重新设计了儿童 CT 检查设备。他们将 CT 设备设计成海盗船的模样。在孩子进入 CT 机时，医生宣布："好了，你现在要进入这艘海盗船，别乱动，不然海盗会发现你的！"经过测试，超过八成的儿童患者会主动选择海盗船 CT 机。做完检查的孩子会问："妈妈，我们明天还能来吗？"墙面、地面、道具与游戏化的引导语言相互配合，让 CT 机检查房变成了主题化的海盗船体验馆，在满足了儿童患者需求的同时提高了医院检查效率。这个案例充分体现了以用户为中心的解决问题思路。

第一节　创新思维的内涵与类型

一、创新思维的含义与特征

（一）创新思维的含义

人们通常都是使用过去的方法来解决新发现的问题，按照固定的思维模式来进行思考。那些与常规的思维方式不同的思维方法，即创新思维。很多学者认为创新思维是指思维主体进行发明创造、提出新的假说、创建新的理论、形成新的概念等探索未知领域的思维活动，这种创新思维是少数人才有的。本书所说的创新思维是为解决某一问题，打破原有的思维方法，自觉、能动地综合运用各种思维方式进行思考，从而获得富有创造性的、指导性的意见或具体行动的实施方案。在知识经济时代，创新思维显得尤为重要，其对于人们更好地认识世界和改造世界具有重要意义。

（二）创新思维的特征

1. 新颖性

按照固有的思维方式和传统方式解决问题虽然简单，但容易使人们整体思路僵化，摆脱不掉习惯的束缚，得到的往往是一些习以为常的答案。其实，任何事物都具有多面性。创新思维是一种超常规的思维方法，求新、求异是它的一大特点。不停留在对事物的原有的认识范畴，而是进行重新认识，一般会产生新的见解、新的发明和新的突破，取得前所未有的成果。

2. 独特性

创新思维的独特性在于，对人们习以为常或司空见惯的事物提出质疑，勇于向旧的方法和习惯开战，在思路的选择、思考的技巧，或者思维的结论上，具有“前无古人”的独到之处或一定范围内的独特性。

3. 多样性

创新思维是一种开放性思维，其过程是从某一点出发，任意发散，既无一定方向，也无一定范围，张开思维之网，冲破一切思维的禁锢，在一个问题面前尽量提出多种设想、多种方案，以扩大选择余地，从而产生新的思路。

4. 突破性

创新思维的优势主要体现在它敢于提出质疑、善于打破思维的禁锢、破除陈规上。具备创新思维的人善于从新的角度去思考问题，力求发现解决问题的新方法，得到突破性的新发现，追求与常规不同的独立性。

精选案例 2　茅台酒参加商品展览会

参加商品展览会的老板都是非常爱惜自己的展品的，却有人反其道而行之。1915 年，在巴拿马万国博览会上，我国贵州的茅台酒也参加了展出，但是评委们都被包装精美的洋酒吸引过去了，外观粗糙的茅台酒无人问津。怎么办呢？参展的老板把装有茅台酒的酒瓶摔在地上，哗啦一声，瓶碎酒流。响声倒没有惊动多少评委，扑鼻的酒香却把众多评委们招引过来，一尝，好酒！茅台酒由此博得好评，获得博览会金奖。

二、创新思维的类型

创新思维是多种多样的，人们只有真正理解、掌握创新思维的多样性并在实践中灵活运用各种类型的创新思维，才能自由地步入创新的世界，获取丰硕成果。创新性思维的诀窍在于多角度、多侧面、多方向地看待和处理事物、问题和过程，具体可以分为以下几种类型：

（一）联想思维

联想思维是指人们将一种事物与另一种已经存在的事物或还未诞生的事物联系起来，从而解决问题或是建立新思想。联想思维有利于完善知识系统，有助于提高创造力，是很多创新思维的重要基础。联想思维又可分为因果联想、组合联想、相似联想以及相反联想。因果联想是指由于两个事物存在因果关系而引起的联想，既可以由起因想到结果，也可以由结果想到起因。组合联想是把几种事物联系起来，组合成新的事物。例如，有带录音功能的笔。相似联想是把形式上、内容上、性质上或解决方法上等方面相似的事物联系起来。相反联想是由某一事物联想到与其相反的事物。相反联想可以利用事物相反的特点创造新事物。创新思维是不同联想思维的有机整合。

（二）发散思维和收敛思维

发散思维也称扩散思维、辐射思维等，它是指围绕某一问题从多角度寻求多个差异性答案的思维方法。发散思维最早在1918年由美国心理学家伍德沃斯（R. S. Woodworth）提出，他认为发散思维是一种立体式的多向性的思维方法，它具有空间上的广延性、思路上的放射性、层次上的多样性、角度上的任意性等特点。

收敛思维要求将多路思维指向某个中心点，以问题为中心，围绕中心组织信息。把众多的信息和解决问题的办法逐步引导到条理化的逻辑顺序中去，以便最后得到一个有效的或创新性的结论。

在创新中需要发散思维和收敛思维互补式结合，不仅要用发散思维来提供很多想法，还要通过收敛思维得到最终结论。

（三）正向思维和逆向思维

根据思维的进程，创新思维可以分为正向思维和逆向思维。正向思维是指在一种结构范围内，按照有顺序的、标准化的方向进行的思维形式。逆向思维是指从事物的反面或对立面提出问题、解决问题的思维方式，也可以说是往事物的对立面进行联想，把问题简单化，巧妙地解决问题。创新思维是正向思维和逆向思维的有机结合。

（四）逻辑思维与非逻辑思维

逻辑思维就是按照逻辑规律建立概念和命题之间的推理关系的形式化思维。非逻辑思维则是诸如直觉、灵感、顿悟、想象及联想、猜想等不服从逻辑规律的思维。非逻辑思维最主要分为灵感思维和直觉思维。灵感思维是指思维主体本身通过丰富的信息灌注和长时间的思考，仍没有达到解决问题的目的，突然脑海中有了新想法，从而获得了解决问题的思路，或是由于某种原因（如外界启发、突发情况等）而迸发出来一种新领悟。直觉思维即人们经常提到的“第六感”。直觉思维是指在已有的知识、经验基础上，不受某种常规的逻辑规则约束，直接感知事物本质，迅速对问题做出判断、预测。如考试中的猜题、对某个陌生人的判断、对他人的需要与情感的敏感性认识等。直觉思维最基本和最显著的特征就是高度精简，可以快速从思维的起点跳到思维的终点，帮助人们快速得出面对问题的新方法。

精选案例 3 从灵感中找到水稻培育方法

我国著名科学家袁隆平从 1964 年开始培育杂交水稻，连续 6 年，他所从事的杂交水稻研究进展缓慢，原因就是没有培育出“不育系”。1970 年夏天，袁隆平在与日本学者交流时，谈起“此路不通走他路”的思维方式，突然有了灵感，决心寻找野生的水稻。他认为，雄性不育系的原始亲本是一株自然突变的雄性不育株，杂交高粱的研究便是从天然雄性不育株开始的，因此，水稻也可能存在天然雄性不育株。就这样，袁隆平和他的助手们很快跳出了单一的用人工培植雄性不育株的圈子。1970 年秋季，袁隆平带领他的助手李必湖、尹华奇来到海南岛崖县南红农场，考察野生水稻资源。当年便发现了一株雄花不育株的水稻，经过反复实验，终于在 1973 年培育出了我国第一批籼型杂交水稻。

在创新的进程中，人们需要用逻辑思维发现问题、解决问题、评价创新成果等。对于非逻辑思维（如灵感思维、直觉思维）提出的设想，要用逻辑思维继续深入研究、检验和完善。所以，想象力以及直觉和灵感都需要经过逻辑的加工，找到其根据才可能成为真正的科学知识。逻辑思维与非逻辑思维的辩证统一和综合应用，才能称得上科学的思维方法。

（五）综合式思维

所谓综合式思维，就是在对事物的认识和重新认识的过程中，将上述几种思维形式中的某几种加以有机的综合性运用，从而获取新知识的思维形式。

三、创新思维的阻碍

思维方式是人类反映外部事物的中介，人们把平时学习和实践活动中获得的知识、观念、经验、方法等内化于大脑中，就形成了一定的思维方式。创新思维对原有思维模式的超越，本质上就是根据解决新问题的需要，在大脑中对原有的知识、观念、经验和方法等进行新的组合，因此它必然会突破原有知识和经验等的限制。在这种情况下，原有的知识和经验就会本能地阻挠突破的发生，成为思维创新的阻碍。特别是一些消极、定式、偏见等的思维模式就会变成极大的枷锁影响到创新性的思考。阻碍创新思维产生的最主要的因素有以下两大类：

（一）定势思维

定势思维是指基于原有的思维活动经验和自身默认的前提假设，形成比较稳定的、定型化的思维模式。先前积累的经验、习惯，使人经常按某种固定的方式或默认的前提假设来思考问题，形成固定的思维倾向，进而影响之后对其他不同类型问题的分析、研究和判断。定势思维可分为：

1. 经验型定势思维

经验型定势思维指人们不自觉地用已有的经验和习惯化的思维方式去思考。经验分为两种，一种是强势经验，这种由生活经验或工作经验导致的思维比较机械，使人习惯用老眼光来看新问题，无视新问题的特殊性；另一种是前提经验，前提经验导致人们在思考中受到先前给的前提或信息的限制，即使情况已产生变化，但仍顺着已给的思路继续下去。

2. 权威型定势思维

权威型定势思维是指对权威人士的言行不自觉地认同和盲从。例如：认为上级和领导说的都对；担心新想法会受到领导的批评等。如果没有自己的思考，没有对权威的质疑，恐怕很多新的科学理论都不会诞生。

3. 书本型定势思维

书本型定势思维指看问题或做事情习惯照搬书本知识，而不去关注和研究实际情况。"死读书"会给自己套上思维枷锁，而且容易使人割裂理论与实践，轻视实践和创新。

4. 从众型定势思维

从众型定势思维指不加思索地效仿大部分人的做法，缺乏独立思考和选择的意识与勇气，不敢提出自己的想法，害怕变为别人的笑柄。盲目从众的人要么欠缺创新的意识，要么受迫于压力而不敢坚持自己的主张，是很难创新的。所以创新者要敢于独立思考，另辟蹊径，向他人表达自己的思想。

5. 模式型定势思维

模式型定势思维指固守从以往的成功经验所总结、固化出的一套方式方法。众多大大小小的模式是经验的总结、优化，对实践有很好的指导作用，很多商业上的成功正是模式的成功，然而，成也萧何败也萧何，很多商业上的失败也是由于模式的失败。因此，还需根据环境和形势的变化，跳出模式来思考问题。

（二）偏见思维

偏见思维指以不客观或不全面的信息为根据，形成对人或事物的一种片面甚至错误的看法。人的判断都打上了自身经验、地位、利益、知识、文化及阶层等印记，这些会对人的判断造成干扰，影响人们对事物进行客观观察和判断，使人不自觉地偏离了事实。因此在生活以及创造活动中，要留心各种思维偏见从而减少思维上的错误。偏见思维可分为：

1. 经验偏见

经验偏见指人们不愿接受经验以外或超出想象的事实而形成偏颇。

精选案例 4

一头驴子背盐渡河，在河边不慎摔了一跤跌倒水中，盐就融化到了水里。驴子站起来时，感觉身体轻松了许多，非常高兴自己可以轻松渡河。后来有一天，它背上背的是棉花，以为再跌倒，可以和上一次一样，于是走到河边的时候，故意摔倒在水中。可是棉花吸了水变得很沉，驴子非但不能轻松地再站起来，反而一直向下沉，溺亡水中。这就是一个典型的经验偏见的思维方式。

2. 沉锚效应

沉锚效应指的是人们在对相关的人和事做出判断时，易受第一印象或第一信息支配，其就像船锚一样，把人的思想固定在某处。鉴于第一印象在人的脑海里是比较鲜明的，有优先效应，受沉锚效应的影响而扭曲了事实或是不愿接受后来的信息，会限制创新思维的开放性。

3. 位置偏见

位置偏见指因看问题的角度不同而产生的偏颇。每个人都生活在一定的社会坐标体系中，社会角色、工作岗位及所处年龄段等都会影响个人对事物的看法。例如在企业中，老板总是抱怨员工出工不出力、“磨洋工”，而员工则认为老板安排那么多工作，但是给予的薪酬太低，心太黑。这就是双方所处的位置不同而导致的无法弥合的思维差距。

4. 利益偏见

利益偏见是指由于利益的差异，人总是无意识地做出有利于自己的认识，产生对公正的微妙偏离，这是一种超越理性的、不自觉的观点偏移。出于对自身利益的维护，人们总是认为危及或损害了自身的利益的想法和做法是不对、不合理的，造成思维的狭隘。

第二节　创新思维方式的培养

创新思维是人类独有的高级心理活动，是人类思维的最高形式，人类所创造的成果就是创新思维的外化与物化。创新思维是在一般思维基础上发展起来的，是以新的方式解决问题的思维活动。那么怎样培养创新思维呢？

创新思维可以通过有计划的锻炼与培养获得，下面主要介绍思维导图法、头脑风暴法、设计思维法和六帽思维法等创新思维的培养方法。

一、思维可视化——思维导图

（一）思维导图的基本知识

思维导图(Mind Map)，又称心智导图，是一种将放射性思考具体化的简洁高效的思维工具(见图 3－1)。20 世纪 70 年代英国心理学家托尼·巴赞(Tony Buzan)介绍了一种“改善学习障碍儿童学习力”的思维工具，这是思维导图法第一次走入人们的视野。现在思维导图已经在全球范围得到广泛应用，中国应用思维导图已经有 20 多年时间。

我们知道放射性思考是人类大脑的自然思考方式，每一种进入大脑的资料，不论是感觉、记忆或是想法，如文字、数字、符码、香气、食物、线条、颜色、意象、节奏、音符等，都可以成为一个思考中心，并由此中心向外发散出成千上万的关节点。思维导图形象化的特点，有助于思维的扩展，可以辅助我们记忆、学习、思考等。

思维导图以辐射线形连接一个中央关键词或想法与所有的代表字词、想法、任务或其他关联项目。它运用图文并重的技巧，把各主题的相互隶属关系或层级关系表现出来，在主题关键词与图像、颜色等之间建立记忆链接。思维导图充分运用左右脑的机能，利用记忆、阅读、思维的规律，协助人们在科学与艺术、逻辑与想象之间平衡发展，从而开启人类大脑的无限潜能。颜色、图像、符码的使用不但可以协助我们记忆、增进我们的创造力，也让思维导图更轻松有趣，且具有个人特色及多面性。

思维导图除了提供一个正确而快速的学习方法与工具外，在创意的联想与收敛、项目企划、解决与分析问题、会议管理等方面，往往会产生令人惊喜的效果。它是一种展现个人智力潜能的方法，可大幅提升思考技巧，增进记忆力、组织力与创造力。它与传统笔记法和学习法有巨大差异，主要是因为它源自脑神经生理，反映了人与生俱有的放射性思考和多感官学习能力。

很多人喜欢用软件绘制思维导图，感觉软件方便快捷，还减轻了不善于画图的苦恼，其实手绘与软件绘制是有很大的区别的。手绘思维导图的过程就是对我们的深度思考能力的锻炼。所以对于初学者，还是先学会手绘思维导图，先学会并且熟练运用思维导图的底层逻辑之后，再去进行软件绘制。

（二）思维导图的运用

1. 思维导图的基本元素

（1）中心图：在整幅图的正中央，代表的是思维导图的中心思想。

（2）主干：羊角形状粗粗的线条，就叫做主干，主干要连接着中心图。

（3）分支：分支是与主干相连的线条，主干是一级分支，后面的依次是二级分支、三级分支，甚至根据需要可以扩散到四级、五级分支。

（4）关键词：写在主干和分支线条上的文字叫作关键词。

（5）小插图或者小图标。

2. 绘制思维导图的基本步骤

第一步：确立中心图。中心图，顾名思义，是每一个思维导图的中心主题，它系统概括思维导图的核心价值，好比一篇文章的标题，其意义不言而喻。中心主题一般需要用图文并茂的形式来呈现。不管是图像还是艺术字，中心图至少要有三种颜色。因为色彩本身充满活力，也更加生动，会帮助我们增强记忆力和创造力。

第二步：绘制主干，也就是确立二级主题。这需要我们在大脑里反复构思，先在脑海里构思好大的框架。

第三步，画分支，也就是完善导图内容。以每一个二级主题为方向，做更为详细的分析，也就是写关键词。关键词要用正楷书写，字迹要工整清晰；关键词一定是经过我们提炼后的，不可以是整句话，短句也是不行的；关键词的字数，中文尽量不要超过 4 个字，英文就不要超过两个单词。提取关键词，是绘制思维导图的关键步骤，也是重点。

第四步，绘制小插图。有时候我们需要在关键词旁边画上对应的小插图，这绝不仅仅是为了让画面看起来漂亮，而是为了帮助我们更深刻地记住它所代表的知识点。

第五步，对整体进行一次认真检查，查看有没有漏掉的内容，如果有可以再补上去。

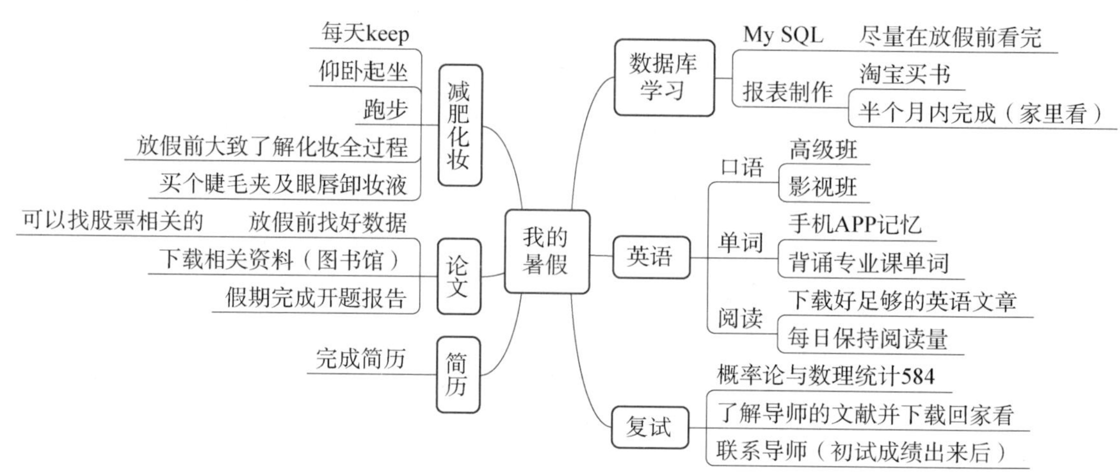

图 3-1　思维导图示例 1(暑期计划)

在绘制思维导图的过程中，要大胆地发挥自己的想象力和创造力，图像越是夸张，越是不可思议，效果就越好。

（三）绘制思维导图时的注意事项

注意线条的形状、连接以及整体的布局。一是绘制时，线条一定要成弧线型，因为弧形的线条表示思维是顺畅的、流畅的，也更有利于思维的发散（见图 3-2）。二是线条与线条之间一定是相连的，不可以有中断的情况。三是同类同色，也就是说同一条主干以及后面的分支和关键词的颜色是同一种。

以上是思维导图的基本元素、五步绘制法以及绘制过程中基本的注意事项。其实思维导图的绘制并不难，只需要按照正规要求去练习就可以了。

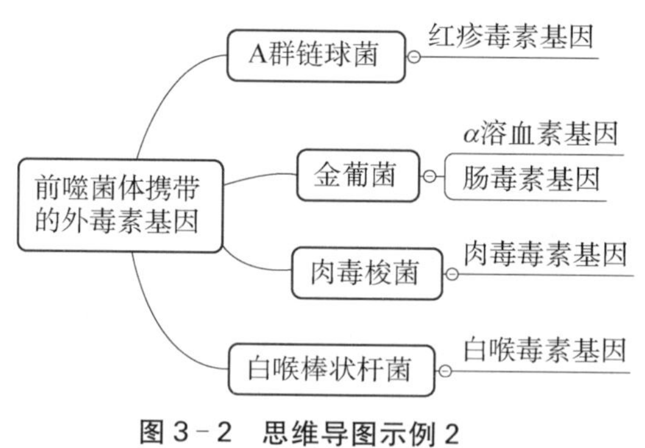

图 3-2　思维导图示例 2

二、头脑风暴法

（一）头脑风暴法的基本知识

头脑风暴法（Brain Storming）又称 BS 法、智力激励法或自由思考法、畅谈法、畅谈会、集思法等。所谓头脑风暴，最早是精神病理学上的用语，指精神病患者的精神错乱状态，而现在则成为无限制的自由联想和讨论的代名词，其目的在于产生新观念或激发创新设想。

这种方法由美国天联广告公司(BBDO)的创始人亚历克斯·奥斯本(A. F. Osborn)于 1939 年首次提出,1953 年被正式认可为一种激发性思维的方法。经过各国创造学研究者的实践和发展,目前已经形成了一个发明技法群,如奥斯本智力激励法、默写式智力激励法、卡片式智力激励法等。

头脑风暴法是一种激发大量创意和快速解决问题的方法。在群体决策中,由于群体成员相互影响,易屈于权威或大多数人意见,形成所谓的“群体思维”。群体思维削弱了群体的批判精神和创造力,损害了决策的质量。为了保证群体决策的创造性,提高决策质量,管理上发展了一系列改善群体决策的方法,头脑风暴法是较为典型的一个。

头脑风暴法可分为直接头脑风暴法(通常简称为头脑风暴法)和质疑头脑风暴法(也称反头脑风暴法)。前者是在群体决策时尽可能激发创造性,产生尽可能多的设想的方法,后者则是对前者提出的设想、方案进行逐一质疑,分析其现实可行性的方法。

实行头脑风暴法的小组讨论一般没有明显的主题限制,而只有一个大致的、较宽泛的领域,这十分有利于参与者发挥他们的想象力。用此方法产生的大多数创意都不可能得到进一步的开发,并转化为市场上的产品。但创业企业往往会从大量海阔天空的想象中,归纳出一些好的创意,其中不乏可以转变为真正创业机会的创意。当头脑风暴法相对聚焦于某个特定的产品或市场时,产生好的创意的概率也会比较大,所以这种方法常常被用来激发新产品的创意。

(二) 运用头脑风暴法应遵循的四个基本规则

第一,鼓励自由地想象。在运用头脑风暴的过程中,需要成员在中心问题上集中注意力,解放思想,不被束缚、随心所欲地去表达,有什么想法都可以说,不着边际、异想天开的设想或许都是好创意的原型。

第二,会后评判。头脑风暴活动专注于激发创造力,而不是做出评估。会议中,禁止评论他人的想法。任何成员的参与及其所迸发出来的观点对创意的形成都是有价值的和有贡献的,不应在过程中进行评判以免影响他人的思绪。

第三,以量求质。采用头脑风暴的目标是产生大量的构思,因为构思越多,好的构思出现的概率就越大。

第四,见解无专利。头脑风暴鼓励跳跃式、交叉式思维,鼓励对构思进行组合和改进,也就是在讨论中其他人的创意可以被用来促进新的创意,可以在别人的设想的基础上产生新的想法,不要怕占用别人的创意。创意加创意便等于新的创意。

遵循以上原则,再加以时间的控制,保障成员在过程中快速运转大脑,不假思索、无顾虑地说出设想,使气氛保持活跃,设想不断涌出,便是一个成功的头脑风暴。

总之,头脑风暴突出参与者思想和观点的碰撞和启发,不存在某个所谓的控制局面的人,整个过程是乐趣无穷的。所以这种方法得到了越来越广泛的应用,现实中成功的例子更是不胜枚举。

精选案例 5 让核桃自动裂开

某蛋糕厂为了提高核桃裂开的完整率,对“如何使核桃裂开而不破碎”进行了一次小型的头脑风暴会议，会上大家提出了近100个奇思妙想，但似乎都没有实用价值。其中有一个人提出："培育一个新品种，这个新品种在成熟时，自动裂开。"当时这被认为是天方夜谭，但有人利用这个设想的思路继续思考，想出了一个简单有效的好方法，完好无损地取出核桃：在外壳上钻一个小孔，灌入压缩空气，靠核桃内部压力使核桃裂开。

三、设计思维

（一）设计思维的基本知识

设计思维(Design Thinking)（有时被称为以人为中心的设计）既是一种哲学思想，也是一种战略方法。换句话说，设计思维就是一套以人为本的方法论，它引导设计者以人的需求为中心，通过团队合作解决问题，获得创新。它有两大核心理念：以人为本的设计(Human Center Design)和同理心(Empathy)。设计思维强调从服务对象最根本需求出发，将问题和挑战转化为创新的机遇，并通过快速设计原型及反复测试来寻找有效的解决方案。从洞察客户需求，到构建解决方案，再到原型的验证测试，整个过程会全面考虑人文价值、技术可行性和商业可能性，以期到达真正有效的商业创新。

设计思维可以带来思维模式的改变，进而有利于创新。传统的问题解决思路是：发现问题——分析问题——解决问题，一般的常规问题可以使用这个方法解决。设计思维解决问题的思路不是"以问题为中心"，而是"以人为中心"；不是依靠逻辑分析，而是依靠洞察加上直觉；不是只看到问题，而是寻求机会点；不是给问题一个答案，而是满足客户需求和期望。所以，一般的简单问题采用传统的问题解决思路即可，而设计思维专门针对比较复杂、充满不确定性、没有明显解决方案、跨学科与人有关的系统性问题，因为这类问题可以借鉴的经验和知识非常少，运用设计思维理念非常必要。

1987年哈佛设计学院院长彼得·罗(Peter Rowe)出版《设计思维》一书，首次使用"设计思维"这个词语。1991年，大卫·凯利(David Kelley)创立IDEO公司，将设计思维作为其核心理念，贯彻落实到工作当中，并成功实现商业化。现今它已是全球最大的设计咨询机构之一。诺贝尔奖获得者赫伯特·西蒙(Herbert Simon)在1969年有关设计方法的开创性著作《人工科学》中，概述了设计思维过程的第一个正式模型。20世纪中期以来，斯坦福大学哈索·普拉特纳设计学院把它归纳成一套科学的方法论，迅速风靡全球。设计思维现在已发展成一个可以学习的创新设计模式，它依靠的不是设计师个人的创意，而是要让不同专业的人从不同的角度共同产生创意，然后设计出一个创新的产品或服务。

（二）运用设计思维的五个步骤

设计思维一般分为五个步骤：同理心思考，需求定义，创意构思，原型制作以及测试。

1. 同理心思考

同理心思考(Empathy)，简单来说，就是通过换位思考，收集用户的真实需求并深入解读用户。如何换位思考呢？就是学会用同理心思考问题，这是一种设身处地地体会他人感受的思考方式，和同情心有本质不同。例如：有个人掉进山洞了。有同情心的人会说"你好可怜"，但有同理心的人会说："洞里这么冷，你一定不好受吧。"同理心思考的方法有如下几种。

（1）观测法：①我们观察到什么样的人，他们的情绪怎么样？（People）②他们在做什么？（Actions）③他们在使用什么工具？（Objects）④他们是如何交流的？说些什么？（Messages）⑤周围的环境是什么样的？（Environment）

精选案例 6　万豪酒店与“舒口气时刻”

万豪投入数百万美元，用来改进“舒口气时刻”，这个假定顾客旅途中最重要的时刻。然而，这个策略只有一个问题：这一前提基于假设，而非出自观察。万豪的战略假设是：如果困乏的旅客可以在前台受到热情接待，这一友好体验将为客人余下的旅程增色，就像跳过最后一道栏板，而不是冲过终点线。

为了验证这一前提，设计团队在旅行者下飞机时去迎接他们，陪他们坐出租或者开着租来的车前往酒店，观察登记入住过程的每个细节，然后跟他们上楼进入房间。设计团队发现，当旅行者进入房间，把外套扔到床上，打开电视并长舒一口气时，才是真正的重要时刻，并非一般想象的“刚进入酒店”或者“登记时”。只有在进到自己房间，把东西都放下，然后躺在床上那一刻，才是“舒口气时刻”。

（2）采访法：听听客户的声音，或许会有不同的发现。我们一般使用“5W1H”工作法，①为什么做这件事？即目的（why）；②怎么回事？即对象（what）；③在什么地方执行？即地点（where）；④什么时间执行？什么时间完成？即时间（when）；⑤由谁执行？即人员（who）；⑥怎么执行？采取哪些有效措施？即方法（how）。以上六个问题的英文第一个字母为 5 个 W 和 1 个 H，所以简称“5W1H”工作法。

我们需要明确问题到底出在哪里，而且能够用一句简单的话告诉别人“我们该如何，为谁，做点什么，好解决什么问题”，也就是“我们该如何为谁提供什么样的解决方案”。

（3）体验法（共情工具）：和客户一起参与到任务中，只有成为客户才能更好地了解客户，才能真正从客户的视角出发，体会感知客户的一切，进而发现客户需求。

2. 需求定义

需求定义（Define），即分析收集到的各种需求，提炼出真正需要解决的问题，这里真正需要解决的问题是一种真实的问题，是一种正确的问题。

3. 创意构思

创意构思即 Ideate，在此将进入解决问题阶段，脑洞大开，提出尽可能多的有创意的解决方法。

通常可以采用集体头脑风暴、思维导图、角色扮演、素描，甚至是简单的列表来尽可能多地收集不同的想法。一旦有了一些想法，就该仔细考虑，把它们分成“可行”“不可行”和“可能可行”三大类。一定不要轻易否定一个想法，因为这可能成为下一步你需要的替代方案。

4. 原型制作

所谓原型制作（Phototype），就是动手把头脑中的想法制作成看得见、摸得着的实体模型，一个实实在在的东西。根据产品使用情景制作出仿真的物理模型或者图画模型，展示人们可能会怎样使用产品或服务，然后制作出粗略的模型与客户或使用者沟通，以便参考他们的意见来改进产品。俗话讲得好，一张图顶一千句话。同样一个好的模型顶一千张图。通过大量制作模型，使创新的观点得到展示、交流、检验和提高。

IDEO公司为什么对工作模型如此专注，是因为模型和产品密不可分，模型的数量和质量直接影响着最终的产品品质，模型不仅决定了产品最终的样子，还是一个设计公司创新能力的指标，所以模型制作环节非常重要。制作模型要遵循3R法则：迅速（Rapid）、粗略（Rough）和恰当（Right），不要追求完美。

原型制作要力求快速廉价，不浪费时间在复杂概念上；以展现设计概念为主，勿花费太多心力在细节上；要恰当、准确展现想法和方案。展现的时候可以主动邀请客户参与，可以通过电影预告片的形式，呈现消费者在产品及服务推出后可能的使用体验，也可以通过小品、情景剧、角色扮演等方式，实地模拟不同类型消费者，来展示解决方案。制作模型的目的不仅是制造一个能工作的模型，更是赋予想法具体的外形，这样就可以了解这个想法的长处和弱点，找到新方向，搭建更详细、更精密的下一代模型。

5. 测试

测试（Test），即提出优化解决方案。测试和原型制作经常是结伴出现的，要在不断试错的过程中找到优化解决方案的新思路。原型做好之后，可以拿给真实用户，让用户自己体验观察。如果有小的方便的改动，可以直接改进让用户再测试。总之，不要过度沉迷于自己的想法。

上述五个步骤看上去是线性的，其实在实践中经常循环往复出现，这么做正是要不断修正解决方案，真正实现“以人为中心”的设计，让解决方案更加成熟。

设计思维作为一套创新方法论，集合了IDEO公司、斯坦福哈索·普拉特纳设计学院的创新思想，可以运用到方方面面，包括个人成长、企业发展、国家改革。由于未来的不确定性，很多问题都没有参考经验，设计思维能指引未来发展之路。

精选案例7　提升对本地社区无家可归的人的关注

2008年，某设计团队在巴尔的摩研究解决如何提升在校小学生对3 419个没有住所的流浪汉的关注。设计团队筹划了一场活动，他们设计了活页练习题，包括一套小工具的设计，里面包含两个漏字板、两个枕头套、一瓶油漆和一把刷子，让小学生们去创造他们的枕套海报，激发他们对流浪汉现状的思考。当小学生们用这套工具创造出他们自己的作品时，设计师与他的目标受众进行了直接互动，而小学生们创造出来的东西，也直接变成了这个设计的最终视觉形象，这是一个持续不断的设计过程。

四、六顶思考帽

（一）六顶思考帽的基本知识

1. 六顶思考帽的提出

六顶思考帽（Six Thinking Hats）是由爱德华·德·博诺（Edward de Bono）博士开发的一种思维训练法，它是一种基于平行思维的有效且全面的思维模式。在这个思维模式中,6 个不同角度的思考方法被看作不同颜色的帽子:白色思考帽代表中立客观的事实或数据;红色思考帽代表直觉、情绪和感受;黑色思考帽代表消极、谨慎地怀疑与批判;黄色思考帽代表乐观、积极与有价值的探索;绿色思考帽代表创新创意和备选方案;蓝色思考帽代表冷静、控制与归纳总结(见图 3-3)。

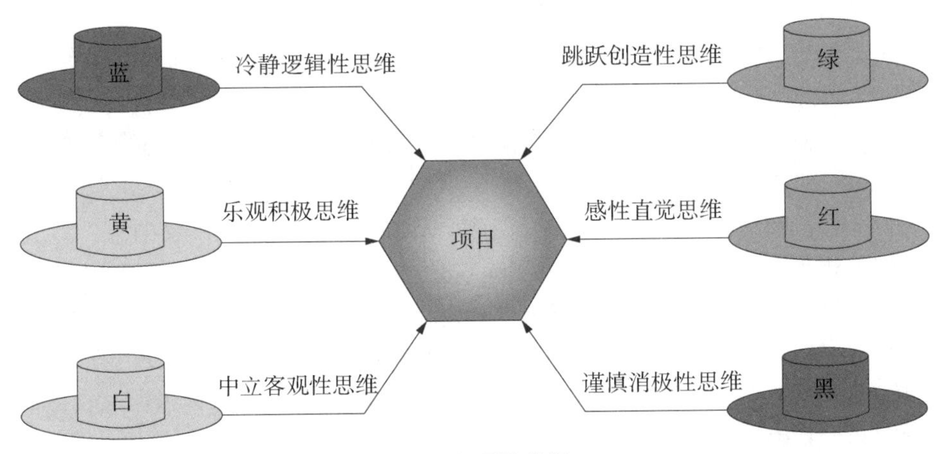

图 3-3　六顶思考帽

爱德华·德·博诺在 1967 年发表的《水平思维的运用》一书中,创造性地提出"水平思维法",为人们提供了一种跳出盒子、摆脱僵化思维的新思考模式。此后,他又在剑桥建立了认知研究机构 CoRT(Cognitive Research Trust),作为开展学校思维教育的慈善机构,并在此基础上提出了"六顶思考帽"的思维培养法。他所开发的思维课程被广泛运用于各国学校教育及各大知名企业的培训中,如华为、百度、微软、阿里巴巴等。因一直致力于创新思维领域的研究与开发,爱德华·德·博诺也被誉为"创新思维之父"。

2. 六顶思考帽的意义

六顶思考帽与我们前面所提到的思维导图、头脑风暴和设计思维略有不同,它要求我们按照流程集中于某一顶思维帽进行讨论。这是一种融合了理性思维和感性思维、发散思维和收敛思维为一体的思维培训法。我们可能会发现在以往的会议或小组讨论中,尽管有明确的讨论主题和目标,但还是由于个人的认知、经验和角度不同而产生无休止的分歧与争论,进而导致工作效率低下。而六顶思考帽的运用,可以有效地避免成员在讨论时带入其他角度的思考,集中于一个点充分挖掘的同时,又兼顾了多角度的综合与归纳。这是许多人在运用创新思维时常常忽略的一点,仅把发散、想象、直觉等归纳为创新思维的一部分,而忽略了逻辑、推理、综合与收敛等。这就像我们在尝试创新与创业中常常遇到的痛点一样,我们能在发散思维中想出许多天马行空的点子,但却发现这些点子因困难过多而无法实施。因此,学会使用六顶思考帽法,可以帮助我们从头脑风暴的发散中,更高效地找到创新点,并理性地评估与判断其存在的优缺点,进而更好地做出选择与判断。

(二) 六顶思考帽的运用

1. 白色思考帽:事实和数据

白色常给人一种纯净、单纯的感觉,在戴上白色思考帽的时候,要求我们以一种中立、客观的角度来陈述事实或观点。但在这里需要注意的是，成员们给出的事实是“谁的事实”？在许多争论中，争议的核心点在于一个人所认为的事实，在别人眼中是不具说服力的个人信念。为了避免让讨论变成关于各自所给出“事实”的争论，应尽可能多地找到一些大家普遍认可、更具权威的数据或事实来佐证自己的观点。下面将用两种不同的话语方式来告诉你，如何更好地以白帽思维进行陈述。

话语1：现在的大学生普遍都爱喝奶茶，因此我相信他们会成为我们品牌奶茶的主要消费群体。

话语2：在上个月的销售记录中发现，我们品牌的奶茶有大于60%的消费者是大学生，他们是我们品牌的主要消费群体。

以上两个观点，你认为哪句话更接近白帽思维所要求的事实和数据呢？在这种情况下，我们都能发现话语2提供了相对而言更有说服力的数据事实。但在现实中，许多人都会说出与话语1一样的话。不可否认话语1也展现了一定的事实，但当我们在白帽思维下，我们应该再追问一下，这个观点是否有数据或者其他事实证明？或者这个观点能否得到大多数人的认可？就如德·博诺所说，白帽思维没有绝对的东西，它只是一种方向，以利我们去努力争取更好的结果。

2. 红色思考帽：情绪与感觉

红色给人一种热情的感觉，与白色思考帽的不偏不倚、中立相反，当戴上红色思考帽时，我们仅需要凭直觉或感觉说出自己的情绪和看法。红帽思维允许参与者直接表达自己的情绪和感受，这种非理性的表达不需要证据和解释。因此，红色思考帽不仅可以用来询问成员的感受，更能帮助团队探索一些潜在的、未被暴露的情绪和感觉。表达了各自的情绪和感觉后，团队成员也能坦诚地进入更深层次的讨论。

3. 黑色思考帽：理性的否定，批判性的判断

黑色思考帽就如同它的颜色一样，是消极和阴暗的。当我们戴上黑色思考帽时，就需要运用理性思维和逻辑思维，去充分地分析和判断，甚至进行否定和批判。此处要注意的是，提出反对意见是很容易的事情，证明别人错了会让人得到直接的满足，因此没有限制的否定很容易使讨论走向一种非理性批判。而黑帽思维并不是要求大家随意地提出反对意见，它要求我们在提出反对或否定意见的同时，最好也能指出这个观点的缺点、未来可能遇到的困难和潜在的危机、风险，以防止犯错误、冒风险。但黑帽思维只要求我们理性地指出问题，而并不关心问题的解决。

因为黑色思考帽具有强烈的批判性和否定性，因此也有人认为发现价值和优点的黄色思考帽应该先于黑帽来使用。在这个问题上，德·博诺则指出，当我们寻求的是效率而不是成就时，否定筛选可以节约更多时间，黑帽应先于黄帽来使用，以帮助我们排除一些毫无意义、不起作用的观点；但当考虑一项新的提议或者新变化时，则应该首先使用黄帽，这样能够避免思维过早地转向否定的一面，因陷入过度的担心和忧虑而无法推进计划的实施。

4. 黄色思考帽：积极地推测，乐观的肯定

黄色就像阳光一样明亮而温暖，因此戴上黄色思考帽时，我们要以一种乐观、积极的态度去推测与肯定。与黑帽思维相反，黄帽思维要寻找肯定性的评价，去探寻观点里有价值

的一面。当然，为了避免黄帽思维变成不切实际的幻想和过度的乐观，甚至变成了红帽思维下的直觉表达，在戴上黄色思考帽时应尽力为自己所阐述的观点寻找支撑。此外，黄帽思维不仅包括对观点的肯定和建议，它也允许积极的推测，去找到潜在的机会。这种思维模式不仅能帮助我们检查是否有被忽略的价值，并能在黑帽思维指出不足点之后留下修正的机会，也为下一步进入绿帽思维做好了准备。

5. 绿色思考帽：创造性和水平思维

绿色象征着新生与生命力，在绿色思考帽下，人们应尽可能地发挥创造力，提出创新性的建议和解决问题的方法。这与头脑风暴有些类似，绿帽思维不仅要求我们跳出固有的思维模式，还要尽可能多地给出解决问题的方案。德·博诺总结指出，绿帽思维下我们要跳出已知的、明确的范围，尽可能地去探寻更多的备选方案和新思路。

6. 蓝色思考帽：控制与总结

蓝色常给人一种冷静和理智的感觉，蓝色思考帽也代表了一种控制和总结性的思维模式。在蓝帽下需要对整个思维流程进行设计和引导，同时需要对讨论的过程进行控制和总结。通常情况下，蓝色思考帽的任务会由某个人来承担，他就像一个会议的主持人或是交响乐团的指挥，负责设计讨论流程和监控讨论过程，并在每一阶段的讨论结束时进行总结。

蓝帽思考者的存在能够帮助讨论顺利地往下推进，当发生争论时，他需要理智地控制和引导参与者集中到某一思考模式中，或是把讨论推进到另一思考模式。即使蓝色思考帽已指派给某人，蓝帽思路对所有人来说依然是开放的，成员随时都可以做出总结性或控制性的评论和建议。尽管德·博诺依照了一定的顺序来讲述六顶思考帽，但他同时也提出六顶思考帽的使用顺序可以根据讨论的议题来进行设计和调整。这就需要蓝帽思维者对讨论议题进行细致分析，精心设计流程并对整个过程加以控制，以求将六顶思考帽方法的作用发挥到最大。

精选案例 8　波音公司使用六顶思考帽消除了工会和管理层之间的隔阂

波音公司曾在面临公司管理方面的争议时，运用六顶思考帽的方法成功地解决了问题。他们所面临的问题是需要创造一些工作机会给刚休完工伤假的员工，同时保证工会支持公司的所有决策和改进措施。在使用六顶思考帽进行讨论后，公司提出退休激励机制，并请工会出具理解备忘录。最终，问题得到了解决，258 名员工享受了提前退休激励机制，并且让工会接受了理解备忘录。（完整案例，扫二维码阅读。）

思考题

（1）结合你的专业知识，尝试绘制一幅思维导图。

（2）在小组作业中，尝试用头脑风暴法和六顶思考帽法来发散思维并解决问题。

第四章

创新创业机会识别与商业模式

本章重点

（1）创业机会的概念与特点；

（2）创业机会的来源与识别；

（3）创业项目的战略分析与评估选择；

（4）商业模式的分类与商业模式设计。

进行创业首先要学会识别创业机会、分析与评估创业战略、设计商业模式。通过本章节的学习，要掌握创业机会的特点、来源和识别；学会分析和评估创业战略的方法；了解不同类型的商业模式及其设计方法，从而提升自身识别创业机会的能力、项目的评估能力和商业模式的选择与设计能力。

精选案例1　从戎装到汉服——“95后”退役女兵靠短视频实现创业梦

她一边照顾着2岁的宝宝，一边穿着精致华美的汉服，在线上线下进行创业，并开设了自己的汉服体验馆。她叫万洁，是一名“95后”退役女兵。用5年时光，她借助短视频实现了自己的创业梦，完成了人生的华丽转身。2014年9月，万洁参军入伍，成为一名话务女兵。2年后，她从部队退役，这段军旅生活将她原本就坚毅的性格打造得更为坚韧。由于从小喜欢拍照，退役后的万洁选择和朋友合伙开了一家摄影工作室，主要拍摄一些企业宣传片。一次偶然的机会让万洁的汉服变装视频意外走红网络，彻底激发了她对汉服和短视频的兴趣。于是，万洁开始如饥似渴地补习汉服的相关知识，了解汉服的历史和文化底蕴。而后，川西的一次活动，更加坚定了她专注拍摄汉服类短视频、推广传统文化的信念。（完整案例，请扫二维码阅读。）

第一节 创新创业机会

一、创业机会的概念与特点

创业就是发现需求并满足需求的过程，其本质是通过资源的整合来创造有价值的经济活动。而机会则是具有时间性的有利情况，是创业成功的核心要素，成功的创业活动离不开好的创业机会。

好的创业机会(Entrepreneurial Opportunity)应该具备以下四个特点：

(一) 适时性

创业机会并不是时时存在，它具有一定的时效性，转瞬即逝，一旦有了商业想法必须在机会之窗存在的期间实施。机会之窗是指商业想法推广到市场上去所花的时间，若竞争者已经有了同样的思想，并把产品已推向市场，那么机会之窗也就关闭了。

(二) 可行性

创业机会的实施必须满足一定的条件，比如有一定的人力、物力、资金资源、技术条件、市场环境等。若创业想法过于超前，创业机会也是无法得到实施的。

(三) 吸引力

好的创业机会必须能够为市场和消费者提供有价值的产品或服务，具备一定的吸引力，以此激发他们对该创业项目的关注和需求。

(四) 持续性

好的创业机会必须具有一定的可持续性，它能符合社会文化、技术发展的趋势，在短时间内不会被迅速取代。

二、创业机会的理论基础

(一) 社会主义市场经济理论

历史唯物主义认为，生产力是一切社会发展的最终决定力量，生产力与生产关系之间的矛盾是构成一切社会的基本矛盾。在这一社会基本矛盾中，当生产关系不适应生产力的发展要求时，就会制约和束缚社会生产力的发展，成为社会进步的障碍；而当生产关系适应生产力的发展要求时，就会促进社会生产力的发展、推动社会的进步。在此基础上，社会中创新的不断涌现，创业机会也在被不断地发现。

(二) 社会分工理论

社会分工的不断深化推动了社会生产力的发展，促进了人类文明的发展进步，使整个社会的专业化程度不断提高，促进社会向多元化、多样化的方向发展。与此同时，社会分工丰富了人类的生产和生活内容，使人们的生活更理想、更高效、更美好。另一方面，随着社会分工越来越细化，社会各个领域之间的竞争更加激烈。为了在激烈竞争的社会环境中生存，人们就需要不断进行创新。

（三）供给需求理论

任何社会形态中的经济活动都是供给和需求相互影响的结果，供给和需求的动态均衡是社会经济活动遵循的基本经济规律。而供给与需求之间的关系产生变化，不仅会导致商品价格的波动，同时也会带来许多新的创新创业机会。当需求未被满足时，供给端就可能出现新的商业机会；而当供给过剩时，过于激烈的竞争同样会催生出新的思路及创业机会。

三、创业机会的来源和识别

创业机会来源于许多不同的渠道，影响创业机会识别的因素也有很多。本节将帮助大家从外部环境着手，并结合个人的素质条件，更好地识别出有潜力的创业机会。

（一）创业机会的来源

1. 政治和制度的变革

政治经济制度的变革是创业机会的一个重要来源。例如，党的十八大以来，为了适应国际国内形势的新变化，以习近平同志为核心的党中央提出创新、协调、绿色、开放、共享的新发展理念，围绕新发展理念出台了一系列新的政策措施，这些新政策措施催生出了许多新的行业、职业，为创业者带来大量的创业机会。

党的十九大明确提出乡村振兴战略，这一战略也为许多青年人提供了创业机会。在网络短视频平台上昵称为“云南小花”的白族姑娘马玲敏和她的团队，就在这一战略的推动下，通过拍摄短视频和直播的形式，帮助云南特色农产品走向全国各地。

精选案例 2　追梦中国人——“云南小花”马玲敏村播助农

“我希望这个世界，因为有我的存在，而变得有一点点的不同。”

小花站在阿里巴巴“全球女性创业代表大会”的舞台上，温柔且坚定地说出了这句话。网络昵称为“云南小花”的马玲敏，是一个全网有 1 600 万粉丝的网络达人。她甜美的长相下，还有着一颗助乡亲脱贫、建设家乡的心。明明可以靠颜值，可是小花偏偏要靠才华与坚持。

小花通过拍摄短视频和直播的形式，带动云南特色农产品走向全国各地，被央视评为扶贫电商新模式的带头人。2019 年参加阿里巴巴全国淘宝直播超级带货官比赛，荣获“村播大赛第一名”；2020 年 6 月成为云南共青团宣传推广大使；2020 年 8 月成为全国青联十三届委员会委员。（完整案例，请扫二维码阅读。）

2. 科学技术的变革

科学技术的不断发展和突破会给创业者带来创业机会。特别是以移动互联网、云计算、大数据为代表的新一代技术革命，已经渗透到社会生活的各个领域。很多互联网企业通过“去本地化”的网络云端赋能，参与到了城市的运营中，在我们看得见或看不见的方方面面改变着我们的生活。例如，过去看病必须要到医院挂号问诊，而随着互联网及移动通信技术的不断发展，线上问诊走进了我们的生活。如丁香园和好大夫在线等平台，正是看到了互联网发展的趋势，抓住了创业机会，让大众在互联网平台上更加方便快捷地接触到优质医疗资源。

3. 社会人口的变化

社会人口的变化不仅包含人口构成方面的变化，同时也包含社会环境、文化构成方面的变化，这些变化也会带来许多新的创业机会。在人口结构方面，我国正面临的老龄化问题，未来会在康养、医疗、大健康等领域带来许多创业机会；而国家鼓励生育的政策同样会给孕产妇健康服务、育婴等相关产业带来创业机会。在社会环境和文化构成方面，党的十八大以来，习近平总书记在多个场合提到文化自信，让许多年轻人开始关注并主动推广我国优秀的传统文化，带来了一波相关行业领域的创业活动，例如本章开头所提到的万洁就是在这样的社会文化环境推动下，发现了创业机会。

4. 产业结构的调整

自新中国成立以来，我国逐渐实现了从农业大国向工业大国的过渡，三大产业的占比经历了多次的调整优化。现阶段，我国第一产业占比持续下降；在新一代科技与产业变革、创新驱动发展、“碳达峰、碳中和”目标约束等背景下，工业创新发展能力不断提升，高端发展态势逐步显现；在“一带一路”、自由贸易试验区、产业转型升级、新型城镇化和居民消费品质升级等背景下，我国第三产业占比持续上升。当前在我国工业领域和服务行业出现的许多创业企业，正是产业结构的持续调整和优化推动下的成功案例。

(二) 影响创业机会识别的因素

由于人们的知识、认识水平、经验等不同，在客观条件相同的情况下，不同个体对创业机会的认识和把握有时存在较大差异，现就可能引起差异的因素做大致的梳理。

1. 先前经验和认知因素

实践证明，许多成功的创业者都有相关的行业经验，甚至是有一定的创业经历。有了良好的基础，他们更容易发现商机或创业机会，这也被称为“走廊原理”。创业者一旦创建企业，他就开始了一段旅程，在这段旅程中，通向创业机会的“走廊”将变得清晰可见。走廊原理强调经验和知识对于个体发现和把握创业机会的重要性，个体在特定领域的经验和知识存量越多，就越容易看到和把握该领域内的创业机会，从而实施创业活动。

2. 专业知识

市场环境中，产品和服务的供给和需求关系一定程度上是由于“知识不对称”而形成的，掌握一定的专业知识会形成优势。此外，由于供给侧竞争激烈，专业知识的积累，特别是独占性知识的积累对在竞争中脱颖而出具有非常重要的作用。

3. 社会关系网络

研究发现，社会关系网络是个体识别创业机会的重要支撑。社会关系网络不但能带来更新更及时的创业信息，在一些情况下还能给予创业者心理、资金等多方面的帮助。通常情况下，建立了大量社会关系网络的人更容易发现并抓住创业机会。

第二节 创业项目分析

一、创业项目的定义与内涵

创业项目指的是创业者为了达到一定的商业目的而开展的具体工作。创业项目的分类有很多种。从观念上来看，可将创业项目分为传统创业及新兴创业；从方式上，可将创业项目分为自主创业、加盟创业、投资入股创业和创业方案指导创业等；按照创业项目的性质可分为互联网创业项目和实体创业项目，此外还有品牌加盟、投资入股等；按照传统工商企业的大类可以将创业项目划分为制造业、服务业、批发类和零售类。每种类型的创业都有各自的特点，一般来讲，服务类和零售类的项目资金门槛比较低，相对容易进入，而制造类和批发类的项目则对资金有较高的要求。

习近平总书记在十九大报告指出，建设现代化经济体系，必须把发展经济的着力点放在实体经济上，把提高供给体系质量作为主攻方向，显著增强我国经济的质量优势。加快建设制造强国，加快发展先进制造业，推动互联网、大数据、人工智能和实体经济深度整合，在中高端消费、创新引领、绿色低碳、共享经济、现代供应链、人力资本服务等领域培育新增长点、形成新动能。支持传统产业优化升级，加快发展现代服务业，瞄准国际标准提高水平。促进我国产业迈向全球价值链中高端，培育若干世界级先进制造业集群。加强水利、铁路、公路、水运、航空、管道、电网、信息、物流等基础设施网络建设。坚持去产能、去库存、去杠杆、降成本、补短板，优化存量资源配置，扩大优质增量供给，实现供需动态平衡。激发和保护企业家精神，鼓励更多社会主体投身创新创业。建设知识型、技能型、创新型劳动者大军，弘扬劳模精神和工匠精神，营造劳动光荣的社会风尚和精益求精的敬业风气。

在国家倡导大众创业、万众创新的背景下，各地政府纷纷出台相应的政策鼓励“双创”，社会上不断涌现出各种新产业、新模式、新业态，创业者在创业项目上也比以前有了更多的选择，但面对不断出现的新事物，创业者应该对创业项目进行科学考察和分析，对创业项目进行环境分析、战略分析、风险分析。

二、创业项目的战略分析

任何创业项目都处于复杂的动态环境之中，在对创业项目进行评估和选择之前，应当对创业项目进行战略分析。应当分析项目所处的内外部环境，发现外部机会和威胁以及内部优势和劣势。创业项目战略分析的目的是通过搜集、整理相关资料，分析项目内外部环境因素，并对项目自身优劣势进行评估，了解项目的资源、能力，为项目的评估和选择提供依据，建立战略决策机制，使决策具有前瞻性和科学性。创业项目的战略分析主要包括环境分析和项目诊断，即外部环境的 G - PEST 分析和对项目优劣势及风险机遇的 SWOT 分析。

（一）创业项目的 G－PEST 分析

创业项目的 G－PEST 分析指的是宏观环境分析。宏观环境又称一般环境，是指在某个地区范围内对企业和项目产生影响的各种因素。不同行业的宏观环境分析的具体内容可能会有一些差异，但一般都应对地理（Geographical）、政治（Political）、经济（Economic）、社会（Social）和技术（Technological）这五大类外部环境因素进行分析，简称为 G－PEST 分析法。

1. 地理环境

地理环境的影响一直贯穿人类经济活动发展的过程。早在公元前 4 世纪，亚里士多德（Aristotle）就已提出地理位置、土壤、气候等环境因素影响个别民族特性与社会性质。之后，德国人文地理学家弗里德里希·拉采尔（F. Ratzel）在此基础上提出了地理环境决定论，认为地理环境、自然条件对社会的变化起着决定性作用。地理环境对经济活动的影响主要在于不同地理环境要素使不同地区的产出有差异，从而影响交换行为及市场差异。后期地理决定论不再被人们认可，但地理因素仍被认为是对经济活动产生影响的重要因素之一。相同的创业项目在不同的地域商业价值、市场需求也会有所不同，地理环境的差异导致的气候、文化、生活习性的差异也是考察创业项目时需要考虑的。

2. 政治环境

政治环境包括一个国家的社会制度、国体与政体、执政党的性质、政府的方针政策、国际关系等。不同的国家有着不同的社会制度，不同的社会制度对组织活动有着不同的限制和要求，这会对创业项目是否能够实施、如何实施、怎样规范实施有着直接影响。

政府的政策广泛影响着创业项目的各方面，即使在市场经济较为发达的国家，政府对市场和项目的干预似乎也是有增无减，如在反托拉斯、最低工资限制、劳动保护、社会福利等方面。很多时候政府的干预是间接的，常见的干预措施如利率、税率、汇率、银行存款准备金等。财政政策和货币政策可以实现对宏观经济的调控，对外汇汇率的调节可以确保国际金融与贸易的秩序。因此，在研究创业项目时，对政府政策的短期及中长期进行判断与预测十分必要，这有助于分析政策的支持或者限制并及时做出不同的反应。

3. 经济环境

经济环境主要包括宏观经济环境和微观经济环境。宏观经济环境主要指一个国家的人口数量及其增长趋势，国民收入、国内生产总值及其变化情况以及这些指标所反映的国民经济发展水平和发展速度。微观经济环境主要指企业所在地区或所服务地区的消费者的收入水平、消费偏好、储蓄情况、就业程度等。这些因素直接决定着企业目前及未来的市场容量。

在对创业项目进行评估和决策前，一般需要对所处经济体的主要经济变量如国内生产总值（GDP）及其增长率、利率、汇率、可支配收入水平、通货膨胀率、居民消费（储蓄）倾向、政府预算赤字、消费者消费模式的改变、失业率、劳动生产率水平、证券市场状况、进出口因素、消费者物价指数（CPI）的变动、货币与财政政策等进行分析。

4. 社会文化环境

社会文化环境包括一个国家或地区的社会性质、文化传统、社会价值观、生活方式、居民受教育程度和文化水平、宗教信仰、语言文字、审美观念等。例如价值观念可能会对居民是否认可项目目标、内容以及企业本身产生影响;受教育程度会对居民的需求层次产生影响;宗教信仰和风俗习惯会禁止或使居民抵制进行某些活动;审美观点则会影响人们对项目内容、方式以及成果的态度。

在分析影响创业项目的社会文化因素时主要考虑的指标有:人口出生死亡率、人口预期寿命、人均收入、平均可支配收入、储蓄倾向、生活方式、消费者购买习惯、社会保障水平、平均受教育程度、对道德的关切度、对服务的态度、环保意识、社会责任、城市和农村的人口变化、宗教信仰状况等。

5. 技术环境

技术环境指的是项目所在国或地区的科技发展水平、技术政策、新产品开发的能力以及新技术发展的趋势等。通常,一般环境的组成要素中变化最快的要素之一就是技术。当今社会科技发展迅猛,每天都有不同的新技术被运用于我们生活的方方面面。技术的发展与变迁对于创业项目来说至关重要,关系到项目是否有发展前景以及能否降低运营成本,从而在竞争中发挥优势。

(二) 创业项目的 SWOT 分析

在对外部环境进行分析后,可以进一步对创业项目的内部条件和经营环境进行综合分析。从战略管理的角度对项目的优势、劣势、机会与威胁进行全面评估的方法,称为 SWOT 分析,此方法被广泛应用于分析各类竞争问题。其中 S 代表优势(Strengths),W 代表劣势(Weakness),O 代表机会(Opportunities),T 代表威胁(Threats)。S 和 W 表示项目主体的优、劣势,O 和 T 表示项目面临的外部环境的有利和不利因素。

通过对创业项目进行分析,可以对该项目是否可行有更全面的认识。假如准备尝试推出一个极具潜力的创业项目,那么想想该项目具备的优势(S)是什么?优势不仅仅指创业团队有什么资源和能力,而且指竞争优势,也就是团队具备而其他人或竞争对手可能不完全具备的比较优势,如核心技术、大量现成客户、先发优势、行业中的领先地位等。然后分析创业项目的劣势(W),比如有想法却没有相应的技术能力,没有项目启动和发展所需的资金或者还没有组建合适的团队等。对于某些可能会影响到项目成败的劣势,可以进行"一票否决制"。所谓机会(O)就是市场上存在什么样的机遇,该项目处于行业的创新期、发展期、成熟期还是衰退期。通常来讲,创新期或发展期是最佳的时间段,过早进入某行业可能缺乏可借鉴的经验或者产业生态还未形成,太晚则可能进入"红海",竞争太过激烈。威胁(T)主要考虑政策风险、强有力的竞争者进入或人员流失等。

SWOT 分析法将创业项目的战略与创业资源、市场环境有机结合,是扬长避短的有效分析方法,目的是通过客观分析评价,拓展思路,正确评估和选择创业项目。具体步骤如下:列举创业项目的优势和劣势、可能的机会与威胁;之后将优势、劣势与机会、威胁相组合,形成 SO(优势—机会)战略、ST(优势—威胁)战略、WO(劣势—机会)战略、WT(劣势—威胁)战略。SO 战略简言之是通过内部优势把握外部机会的战略,WO 战略是利用外部机会对内部的弱点进行改进的战略,ST 战略是发挥企业内部优势去避免外部威胁的战略,WT 战略则是克服内部弱点和避免外部环境威胁的战略。

三、创业项目的评估与选择

(一) 创业项目评估

选择创业项目需要做好风险预估，并研究制定各种应对策略及方案，设计风险预警机制，制定科学的退出机制。应当从已有的资金、实力出发，不可好高骛远，不切实际。创业项目的评估应包括以下几个方面：

(1) 明确市场定位。可通过市场定位是否明确、顾客需求分析是否清晰、顾客接触通道是否流畅、产品或服务是否可持续等来判断创业项目潜在的市场价值。该项目带给消费者的价值越高，项目成功的机会也越大。

(2) 分析市场结构。创业项目的市场结构分析主要包括：消费者、供应商、经销商的讨价还价能力、进入障碍、替代性竞争品的威胁及市场内部竞争的激烈程度。通过市场结构分析可预测该创业项目在未来市场中的地位和可能遭遇潜在竞争对手“攻击”的程度。

(3) 市场规模预测。市场规模的大小以及未来的成长速度将是影响创业项目成败的关键因素。通常来讲，市场规模越大，进入的障碍相对越低。一个正在成长中的市场，往往也会是一个充满机会的市场，产业生态链也会比较完整，只要选择正确的时机进入，获利空间巨大。

(4) 产品和服务的成本构成。产品和服务的成本构成可反映创业项目的前景是否乐观。比如说，从原材料与员工成本所占比例、固定成本与可变成本比重的高低，还有规模经济产量的大小，可以进一步分析项目创造的附加价值和预期的盈利大小。

(5) 市场占有率分析。通过市场调研、分析同行业竞争对手的数据，可以评估创业项目未来的市场竞争力，预测创业项目预期可取得的市场占有率。比如，若要成为行业的市场领导者，至少要达到20%以上的市场占有率，如若预期将来的市场占有率低于5%，则该创业项目的市场竞争力可能不足，需要考虑如何提高市场占有率。

(6) 损益平衡时间评估。对于创业项目达到损益平衡所需的时间，一般较为合理的应该在两年左右，若预期三年还达不到损益平衡，这很有可能不是一个值得选择的创业项目。但不同行业的创业项目达到损益平衡所需的时间差异较大，需要具体情况具体分析。有的行业需要比较长时间的投入，通过较长时间的前期投入去创造进入障碍，以保证后续的长久经营优势。将前期投入视为一种特殊投资，才可以容忍较长的损益平衡时间。

(7) 资金需求测算。任何一个创业项目都需要对资金需求量进行详细测算。一般来看，资金需求量较低的创业项目是广大中小企业创业者的首选。根据创业研究显示，资金需求量较大的项目不适合一般的创业公司，其限制性较高，较适合大企业投入新行业或开展新业务。过大的资金需求有时还可能带来稀释投资回报率的负面效果。比如说知识密集型行业的创业项目对资金的需求量一般较低，投资回报率相反会较高。普通创业项目初创时并不是募集的资金越多越好，最好是通过经营的盈余积累来创造所需求的资金。行业毛利率较高的创业项目，相对风险较低，也更加容易达到损益平衡；相反，毛利率较低的行业的创业项目，投资风险则相对较高，如果遇到决策失误或者市场发生较大变化，更容易遭受损失。

(8) 策略性价值分析。创业项目能否在市场上创造出策略性价值也是一个比较重要的评估指标。一般来看，策略价值与该产业的生态、规模效益、竞争程度等紧密相关。创业项目对其所处的产业价值链所能创造的附加值也与其采取的经营战略及经营模式紧密相关。

(9) 资本市场活力。处于一个有高度活力的资本市场的创业项目，投资回报机会相对也比较高。资本市场瞬息万变，在市场高点时投资的创业项目，资金成本相对较低，筹资比较容易，而在资本市场低点时投资的创业项目，投资的诱因会比较少，好的创业项目也相对比较少。

(10) 建立和完善退出机制。通常对于任何投资的目的都在于回收，所以是否已建立退出机制成为评估创业项目的一个重要指标。对于大部分创业项目而言，退出的难度普遍会高于进入的难度，所以，一个具有吸引力的创业项目应当要为其所有的投资者建立和完善项目退出机制及退出的策略规划。

(二) 创业项目选择

选择创业项目应该注意以下几个方面的问题：

(1) 尽可能拓宽创业项目选择的渠道。普通创业者寻找创业机会的渠道一般有互联网、专业期刊、财经新闻、图书馆、出版物、消费者调研、行业调研、朋友及熟人推荐、竞争对手调研、投资贸易洽谈会、博览会、展览会、工商企业行业协会、科研机构、经销商和批发商、政府有关部门信息公示、招投标项目以及各行各业经纪人等，也可以通过专门的市场调研考察和参与正规渠道的中小企业论坛及创业讲座、创业培训等得到相关的项目信息，或者通过改进现有产品和服务等寻找创业项目机会。

(2) 探索先进、科学的创业理念。创业项目的选择应当与创业者过往的经验、能力、兴趣爱好及所学专业或从事行业相关，相关性越大越能激发持久动力，成功的可能性也就越大，此外还可以降低风险。选择创业项目时应当具有宽广的眼界，切勿盲目跟风，应当通过理性分析，确定长远的创业规划。

(3) 创业项目需具有独特的创新点或者与其他项目相比具有差异性。尽量选择差异性的项目或者创新性的项目，可以将各个行业领域内的先进理念及服务应用到创业项目中来。

(4) 建立创业项目评估的程序及相关评价指标体系。在现实中，创业者面对的通常是大量的信息和纷繁复杂的资讯，要想选择适合自己的创业项目，首先需要建立一套创业项目的筛选机制，包括项目评估程序及相关评价指标体系。可以从创业项目是否符合创业者的个人兴趣、资金需求量、投资回报率、行业整体前景与市场规模、市场潜力大小、经营场所的要求、市场准入条件、从业人员技术水平要求、人际关系资源、上下游产业渠道控制能力、产业生态链等方面对项目进行科学的评估并做出选择。

精选案例 3　服务差异化

如果有形产品不易被差异化，那么取得成功的关键也许在于增加有价值的服务并提高产品质量。劳斯莱斯公司(Rolls-Royce PLC)利用实时卫星发出的信号不断地对 45 个航线的飞机发动机进行监测，带来了飞机引擎需求量的增长。在公司的全程维护计划中，航空公司的每条航线都按照引擎工作的小时数向劳斯莱斯付费，作为回报，劳斯莱斯承担维修和停工带来的风险和成本。

第三节　商业模式设计

一、商业模式的概念与分类

(一) 商业模式的概念

商业模式(Business Model)这一概念，早在20世纪50年代就出现了，然而一直到90年代，才普遍被学界和行业使用。随着数字经济的不断发展，商业模式现在已经成为许多创业者、投资人及学者不断讨论的话题。

目前，商业模式的概念仍然在不断地更新，但从学者们过去提出的概念中可以看出：首先，商业模式是一种理念，即指企业通过商业机会创造价值的基本逻辑与方法，简单来说就是企业提供给顾客什么样的产品及服务，并如何获取利润；其次，商业模式又是一套完整的系统模型，这个模型通过不断地调整及创新各要素之间的关系，为企业的发展提供源源不断的动力机制。

本书把商业模式的概念总结如下：商业模式是指一个企业为满足消费者需求、创造价值而形成的一套理念及执行体系，它包括企业创造价值的各环节的基本要素及各要素之间的关系。

(二) 商业模式的要素与类型

1. 商业模式的要素

由哈佛大学教授约翰逊(Mark Johnson)、克里斯坦森(Clayton Christensen)和SAP公司的CEO孔翰宁(Henning Kagermann)共同撰写的《商业模式创新白皮书》，把商业模式最为重要的三个核心要素概括为：客户价值、企业资源和生产过程以及企业的盈利模式。

首先，客户价值是指在一个既定的价格上，企业向其客户或消费者提供服务或产品时所需要完成的任务。为了实现企业与客户之间的价值交换，企业需要向客户或潜在客户阐明其所提供的产品及服务能满足他们什么样的需求，有什么样的价值，即价值主张。当企业的价值主张足够刺激和满足客户需求时，才可能让客户所获得的价值最大化，从而进一步实现持续盈利。

其次，企业的资源和生产过程是指支持客户价值主张和盈利模式的具体经营模式。其主要内容包括如何整合资源、与什么样的伙伴合作来生产及提供产品或服务、挖掘哪些方面的差异化优势。

最后，一个好的“盈利公式”是支撑任何一个企业长期发展的重要因素，即企业用以为股东实现经济价值的盈利模式。

2. 商业模式的类型

目前，行业内及学术界对商业模式的类型没有统一的说法，可从不同的角度将商业模式分为不同的类型。其中，从提供产品或服务的方式来看，商业模式可以分为经典商业模式与互联网创新商业模式。

1）经典商业模式

（1）店铺模式。店铺模式即在具有潜在消费者群的地方开设店铺并展示产品或服务的模式，这也是最古老的一种商业模式。

（2）“饵与钩”模式。这种模式形象地描述了以捆绑的方式，提供一个相对便宜甚至是免费的基本商品，但需要客户花费额外的价格购买与之相配合的产品或服务。例如，许多游戏软件是可以免费下载和使用的，但当你想在游戏中拥有更好的装备时，则需要花额外的钱购买。

（3）硬件加软件模式。这是一种随着互联网技术的不断发展而兴起的模式。例如苹果公司所生产的电脑和手机，都有与其 iOS 系统相匹配的软件及应用，对硬件及软件的联合开发，可以不断增强用户对其产品的依赖性及品牌的忠诚度。

（4）其他商业模式。在对商业领域不断探索及数字经济不断发展的背景下，越来越多的商业模式涌现出来，甚至不同的行业及领域也出现了各具特色的商业模式。例如，制造行业几种主要的商业模式包括直供模式、总代理制模式、联销体模式、仓储式、专卖式、复合式等。此外，如果以交易双方的身份来划分，还可以分为交易双方都是企业的 B2B 模式（Business to Business）、企业对消费者的 B2C 模式（Business to Customer）、个人对个人的 C2C 模式（Customer to Customer）等。

2）互联网创新商业模式

随着互联网技术的不断发展，在电子商务领域也发展出许多创新型的商业模式。除了将线下实体产品及服务与互联网电子商务平台相结合的 O2O 模式（Online to Offline）外，互联网时代的典型创新型商业模式还包括以下几种主要类型。

（1）互联网广告模式。互联网广告模式与曾经的电视台、广播等广告模式有些相似，即商家将产品或服务免费或以较低价格提供给用户，当平台用户量积累到一定程度时，向需要在该平台投放广告的商家收取一定的广告费用。常见的互联网广告模式包括搜索引擎网站的竞价排名、视频网站观看剧集时出现的广告等。

（2）互联网平台中介模式。与我们以往熟知的中介模式类似，互联网平台为有需要的交易双方提供一个信息匹配的场所，当双方的买卖行为结束后，平台收取一定的提成作为中介服务费。我们熟悉的例子比如打车平台和外卖平台，平台将用户的打车或购买需求信息整合后，有目的地推送到附近空闲的司机及骑手手机上，以此实现双方的供需匹配。

（3）社群电商模式。社群电商模式也是随着互联网社交平台的不断发展而产生的一种新型商业模式。在这种模式中，用户根据自己的喜好在不同的平台上聚集，并自主地输出相应内容，即 UGC（User Generated Content）。因此，用户既是平台的使用者，更是平台内容的创造者和传播者。社群成员对其他内部成员甚至是平台都能形成一定的黏性，当平台积累了一定数量的用户或单个用户积累了一定的粉丝量时，便能使流量转化为交易。例如当下使用较为广泛的抖音、小红书、微博、哔哩哔哩、喜马拉雅和微信朋友圈、视频号等，都是典型的社群平台。而除了传统的电子商城业务外，社群电商平台还为用户提供直播和流量分配等服务，以此实现平台从流量到商业价值的转化。

(4) 其他互联网创新模式。除以上三种运用比较广泛的互联网商业模式外，还有许多正在发展的商业模式，例如增值服务商业模式和长尾型商业模式等。目前学术界暂未对互联网商业模式有较为权威的分类，且这些商业模式也在不断地发展和更新，我们未来也需要多多关注，从中找到适合自己项目的商业模式。

小贴士

增值服务商业模式即平台在免费给用户提供产品的同时，开发更高层次的配套服务或周边产品以供用户选择购买，较为典型的是网络游戏和知识平台。大部分网络游戏和知识平台的内容都可以免费使用，但当你想拥有更好的装备、周边及内容时，则必须花钱购买，这也是当下互联网平台上运用比较广泛的一种商业模式。

长尾型商业模式是基于长尾理论发展起来的一种商业模式。长尾理论是由美国的克里斯·安德森(Chris Anderson)提出的，用来描述如亚马逊和奈飞之类网站的商业和经济模式。它主要应用于那些需求不高或销量小，但种类较多的产品。克里斯认为，“如果把足够多的非热门产品组合到一起，就可以形成一个能与热门市场相匹敌的大市场”。互联网突破了传统实体产业的有限空间，它可以提供的平台之大，完全可以将多种商品汇集起来，满足许多从前未被满足的市场需求。这与著名的“二八定律”刚好形成互补，“二八定律”强调找到能创造出 80%价值的头部市场或产品，而长尾商业模式则强调，不需要找到大众化需求，但要找到尽可能多的产品种类，来满足个性化的市场需求，来满足剩下未被满足的 20%的市场需求。

二、商业模式设计——商业模式画布

一个好的商业模式能帮助创业企业迅速抓住市场的关注点，并能持续地在市场中获得收益。成功的商业模式具有以下三个特征：第一，能提供独特的价值，不管是理念上的，还是产品和服务上的；第二，成功的商业模式是难以模仿的，即使其他企业知道这一商业模式该如何运作，但企业仍可以通过自己独特的价值主张，完整的、极难复制的资源和运作体系来赢得市场的忠诚度；第三，任何成功的商业模式都应要能做到量入为出，不可好高骛远，不切实际，以此才能实现长期稳步的发展。

以下将基于商业模式画布的框架模型，分析如何设计出一个好的商业模式。

(一) 商业模式画布

商业模式画布(Business Model Canvas)是由亚历山大·奥斯特瓦德(Alexander Osterwalder)和伊夫·皮尼厄(Yves Pigneur)在其共同撰写的《商业模式新生代》一书中提出的一种商业模式设计模型。画布主要包含九个模块(如图 4－1 所示)，在使用时必须按照一定的逻辑顺序来设计相应模块的内容。此外，我们也可以用商业模式画布来分析成功企业的商业模式，以此来学习借鉴其优秀之处。下面将依次从这九个方面来介绍如何设计商业模式。

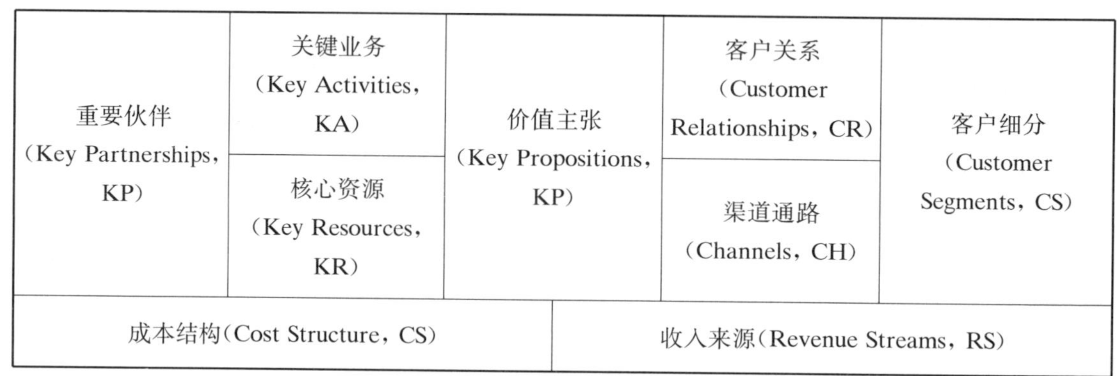

图 4-1　商业模式画布

1. 客户细分

客户细分是进行商业模式设计的基础和核心。首先需要明确为哪些群体提供产品或服务。找到目标客户，在此基础上进行进一步的划分，确定其中最为重要的客户、普通客户及未来有可能成为客户的潜在群体，以便进行下一步的策略制定。

2. 价值主张

有了目标对象后，下一步要做的就是挖掘企业对于目标市场的价值。针对这些不同的细分市场，能满足他们的哪些需求？帮助他们解决何种问题？能为其创造什么样的价值？怎样才能使客户群体关注并接受？这些都是在此时需要思考的问题。

3. 渠道通路

渠道通路就是企业与目标市场接触的平台及方式，企业通过这些渠道和平台，向目标市场提供产品或服务，并向其传递自己的价值主张。但对于任何一家企业，并非所有渠道都适合，因此，需要选择最适合的渠道，充分整合才能达成最佳的渠道成本效益。

4. 客户关系

在确定了目标市场和客户细分后，需要梳理与不同的细分客户之间的关系。每个客户细分群体希望与我们建立怎样的关系？如何与他们建立关系？有哪些群体和我们已经建立了关系？这些关系的建立与维护成本如何？好的客户关系管理能帮助企业建立长期的客户忠诚度。

5. 收入来源

收入来源是支撑创业企业持续发展的一个关键要素，我们需要思考客户愿意为什么样的价值而付费。此外，合理的定价、付费的方式以及各项收入在总收入来源中的占比，都需要在这一栏中被深入讨论。

6. 核心资源

核心资源即支撑商业模式运转所必需的全部要素，如资金、人才等。此时，我们既需要理清自己已拥有何种资源，也需要思考实现商业模式所需要的其他资源。

7. 关键业务

关键业务是为了实现价值主张所需要做的核心活动。为目标市场提供怎样的产品或服务，又需要通过哪些宣传活动将其推广给他们，这些价值主张的实现需要哪些技术支持，这些都是企业需要去做的关键业务。

8. 重要伙伴

分析出核心资源和关键业务后，就可以在此基础上找出商业运行的重要伙伴，例如供应商、渠道商等合作伙伴。他们为企业提供了哪些核心资源，并在执行哪些关键业务，也是我们在这一步需要梳理的。

9. 成本结构

成本结构是指在构建及运用整个商业模式时，所需要花费的所有成本。这里需要注意的是，不仅要考虑资金成本，也应考虑在各环节投入的人力成本。

小贴士

许多同学刚接触创新创业的概念，尝试用商业模式画布设计一个商业模式或创业想法时，可能会发现自己的想法不够创新。这时，建议大家可以先找一个成功的或者你感兴趣的企业，运用商业模式画布来分析它的商业模式。对成功案例的分析及对行业的了解，可以帮助我们更好地设计出具有创新性的商业模式。

例如，当下年轻人都爱喝现调饮品，在现调饮品行业涌现出许多成功的新兴品牌，如喜茶、瑞幸、一点点、茶颜悦色、霸王茶姬等，这也让这一行业的创新创业变得更加激烈与困难。感兴趣的同学可以选取其中一个品牌，搜集资料并尝试分析其商业模式。扫二维码，可以参考喜茶的商业模式画布分析。

（二）商业模式创新

经济全球化和科学技术的高速发展，市场环境的变化日益加快，对企业来说既是全新的挑战，同时也给他们带来了新的机遇。在这样的大环境下，企业也纷纷开始寻找新的竞争优势，商业模式的创新也受到了越来越多的关注。

1. 商业模式创新的内涵

行业内及学者们对商业模式创新（Business Model Innovation，BMI）的讨论已持续十多年。本书将商业模式创新概括为：改变企业价值创造的基本逻辑以提升顾客价值和企业竞争力的活动，商业模式创新既可能包括商业模式构成要素的变化，也可能包括要素间关系或者动力机制的变化。这一概念既强调了商业模式创新的核心是对企业价值创造逻辑的改变，又提到了创新的目的是提升顾客价值和企业竞争力。此外，从这一概念可以看出，商业模式创新包括三个方面的内容，即商业模式构成要素的改变、要素间关系的改变或动机机制的改变。

2. 商业模式创新的方法

关于商业模式的创新，各行各业的企业都进行过相关的尝试。总结那些成功的案例可以发现，多数企业会从以下三个方面进行商业模式的创新。

1）客户价值主张创新

我们在分析商业模式所包含的要素时提到，企业只有让客户得到的价值最大化，才能持续地获得顾客忠诚度，并获得长期发展。因此，在进行商业模式创新时，可以思考如何用新的主张和理念、新的产品、服务或渠道让客户得到的价值更大化。比如，海底捞正是把门店服务做到极致，把客户价值主张放到第一位，才得以在火锅市场上保持领头地位。随着市场的不断发展，客户的需求也在日益多样化，如果能从客户的获得感上进行突破，企业就有可能找到一个全新的商业模式。

近年来，因为盲盒营销而火遍全国的泡泡玛特，就带动了这样一个全新的商业模式。泡泡玛特在成立的前几年中，与许多的知名设计师合作开发了一系列潮流玩具公仔，然而真正让它火爆全国、股价翻倍的是它所带火的"盲盒经济"。对于消费者市场来说，潮流玩具并非是一个新鲜的话题，但盲盒给消费者带来的不确定性和惊喜感，甚至其社交属性，也为这个品牌增添了许多的价值和魅力。而实际上，与盲盒类似的商业模式很早之前就在博彩市场出现过，而泡泡玛特则抓住客户的价值主张，以此推动了一场潮流玩具市场的商业模式创新。

2）资源及能力创新

很多时候，导致商业模式创新的不单只是一个要素的改变，更有可能是一系列要素关系的变化。对于企业来说，价值链上的新技术、新伙伴、新运营程序或者新投资，都可能推动一个全新的商业模式的诞生。

我们现在经常会使用的共享单车，正是这样一种商业模式的创新。早在无桩共享单车出现之前，全球许多国家也曾出现过有桩共享单车，即必须到固定的停车桩去取车和还车。但移动通信技术、GPS卫星定位技术的不断发展，手机网络实现了从2G到4G、甚至到5G的跨越，让无桩共享单车得以实现。而越来越多的企业进入到共享单车这一领域后，这一全新的商业模式中存在的问题也逐渐暴露出来。许多企业因为过度扩张、管理不善，入不敷出，最终惨淡收场，但也有一些企业，像哈啰出行、美团单车等，在运用大数据技术解决了共享单车的管理调度问题的同时，提升了单车及助力车的质量和使用体验，并获得了投资方的入资，找到了一个相对更具优势的商业模式，以此得到了持续的发展。

3）盈利模式创新

对企业的盈利模式中的成本结构和收入来源两方面做出改变或者调整，也可能催生出全新的商业模式。在改变收入来源进行商业模式创新方面的一个典型的案例，就是实体书店。由于电商平台和电子书的不断冲击，许多实体书店都已经入不敷出。但随着我国居民生活水平的不断提高，人们对生活品质的要求也越来越高。在这样的需求背景下，许多实体书店也开始进行商业模式的创新，从书店变成书吧，盈利来源由单一的图书销售，变为读书、饮品、文创周边产品及活动空间等，增加了传统价值链上盈利来源的宽度。

此外，改变企业的经营成本结构也是进行商业模式创新的常见方法之一，例如瑞幸咖啡就是通过降低成本结构而快速发展的创业品牌。与其他咖啡店及咖啡连锁品牌相比，瑞幸咖啡通过压缩门店空间、减少门店经营成本，打通供应链渠道、降低原材料成本，利用大数据优化线上订单平台、库存管理及用户数据管理等一系列的成本控制措施，让该品牌在较短的时间内获得了消费市场及投资市场的极大关注。

4）其他商业模式创新理论

除以上三个常见的创业模式创新方法之外，许多著名的咨询公司和学者也都提出过一些其他的理论和模型。例如，全球知名的咨询公司麦肯锡提出的商业模式创新“五步法”。其内容包括：第一步，对标头部。找到本行业内最具优势的商业模式，了解他们如何为客户创造价值。第二步，提炼要点。分解其运营体系中的关键要素。第三步，优化迭代。尝试将其中的一个要素进行颠覆式的改变。第四步，跨行借鉴。如果无法突破原有的商业模式，可以从其他行业借鉴成功的商业模式加以融合创新。第五步，价值重现。基于全新的商业模式，给予消费者全新的价值定义。

总之，商业模式的创新不仅需要理论方法的支持，更需要我们学会去观察及总结行业中成功商业模式的相似点，从成功者身上吸取经验，同时积累与行业相关的知识，培养自身敏锐的洞察力。

精选案例 4　“丁香医生”的商业模式创新

前面介绍过李天天的创业经历，现在进一步分析“丁香医生”的商业模式创新。随着我国互联网医疗和大健康产业的不断发展，越来越多的互联网医疗平台出现在了我们的日常生活中，而丁香园则是众多互联网医疗平台中发展较好的一个。

成立于 2000 年的丁香园，最早是面向医学、药学、生命科学等人群的学习、科研网络社群。随着互联网在各行业的不断渗透，李天天也看到了医疗与移动互联网结合的可能性，2012 年推出了“丁香医生”应用软件。这个移动终端软件，不仅把专业医生和用户群体更加紧密地联系在一起，也推动了互联网医疗行业的商业模式创新。丁香园早期作为知识分享网站集聚了大量医生及科研人员群体，后期又通过免费的专业知识分享、医学科普等赢得了普通人群及医院药企等用户的关注，最终实现以线上问诊、知识付费、电商、广告和内容营销等为主的盈利模式。

通过二十多年的不断摸索及完善，丁香园也形成了一套完善的互联网医疗商业模式，在胡润研究院发布的《2020 胡润中国独角兽排行榜》中，丁香园以 70 亿元人民币的估值排名第 130。（完整内容，请扫二维码阅读。）

思考题

（1）什么是创业项目的 G－PEST 分析？

（2）创业项目的 SWOT 分析具体包括什么内容？

（3）商业模式的类型有哪几种？商业模式设计主要应考虑哪几方面的因素？

第五章

创业风险识别

本章重点

(1) 创业风险的内涵及规避、控制、防范创业风险的重要意义;
(2) 创业风险不同阶段的分类;
(3) 新创企业起步阶段和创业企业成长阶段的风险分析和防范策略;
(4) 创业企业的危机管理方式,降低创业风险、应对危机的相应策略。

创业风险主要来自创业活动有关的因素的不确定性。在创业过程中,创业者要投入大量的人力、物力和财力,要引入和采用各种新的生产要素与市场资源,要建立组织结构、管理体制、业务流程、工作方法等。这一过程中必然会遇到各种意想不到的情况和各种困难,有可能偏离创业的预期目标。如何识别及规避这些风险是本章将要学习的内容。

第一节　创业风险概述

精选案例1　"第一研究生面馆"创业失败案例

成都"第一研究生面馆"开张,引起了广泛关注。2014年12月24日,西华大学食品科学系在读的6名研究生声称自筹资金20万元,在成都著名景观——琴台古径边上开起了"六味面馆"。他们准备两年内在成都开20家连锁店,到时候跟肯德基、麦当劳较量较量。

但是开业不久,6名研究生就不得不在学业和创业之间做出了选择,其中两人匆匆退出,春节后,剩下的4名研究生基本上就再没有去过面馆。"六味面馆"也就陷入了无人经营管理的状况。"第一研究生面馆"的失败主要归结于以下几个方面的原因。一是"研究生面馆"的噱头大于内容,内部管理分工不平衡。二是面馆开发客户的力度不足,面馆所在街道非繁华商业市区,人流有限。三是经营缺乏科学统筹,每月食材、人工、租金等支出庞大,收益有限,导致入不敷出。

一、创业风险的概念

关于“风险”的内涵，美国学者威雷特（A. H. Willett）早在1901年就进行了研究，他认为“风险”是在不愿发生的时间内发生的不确定性的客观体现。国内有学者认为，风险指某一行动的多种可能的结果，尤其是事先估计到采取某种行动可能导致的结果以及每种结果出现的可能性，多为某一特定危险情况发生的可能性和后果的组合。风险具有普遍性、客观性、损失性和不确定性的特点。

对于风险的理解，一般有两个角度：一个角度强调风险表现为结果的不确定性，另一个角度则强调损失的不确定性。前者属于广义上的风险，说明未来利润多寡的不确定性，可能是获利、损失或者无损失也无获利；后者属于狭义上的风险，只能表现为损失、没有获利的可能性。

创业风险是由创业环境的不确定性、创业机会与创业企业的复杂性、创业者及创业团队与风险投资者能力与实力的有限性而导致的创业活动偏离预期目标的可能性及后果。

二、创业风险的类型

创业风险可以从风险的来源、风险的内容、对创业投资的影响程度、创业阶段等不同的角度进行分类。

（一）按风险的来源划分

可分为主观创业风险和客观创业风险。

主观创业风险是指在创业阶段，由于创业者主观方面的因素导致创业失败的可能性，如创业者的身体与心理素质原因、决策失误、管理混乱、团队反目或用人不当等。客观创业风险是指在创业阶段由于客观因素导致创业失败的可能性，如市场的变动、政策的变化、竞争对手的出现、缺乏创业资金等。

（二）按创业风险的内容划分

可分为技术风险、市场风险、政治风险、管理风险、生产风险和经济风险、环境风险等。

技术风险是指由技术方面的因素及其变化的不确定性而导致创业失败的可能性。具体包括：技术成功的不确定性、技术前景的不确定性、技术效果的不确定性以及技术寿命的不确定性以及伴随着科学技术的发展、生产方式的改变而产生的威胁人们生产与生活的因素，如核辐射、空气污染和噪音等。各行业都会不同程度上遭遇技术风险。

市场风险是指由市场情况的不确定性导致的创业者或创业企业遭受损失的可能性，包括市场需求量的不确定性、客户流失的不确定性、市场接受时间的不确定性以及市场价格的不确定性等。例如，在1959年时，国际知名的商用机器公司IBM预测复印机在未来10年内仅能销售5 000台，因此拒绝与研制出“施乐914”型号复印机的哈罗依德公司合作。然而在当时，复印技术被迅速推广，10年后的哈罗依德公司已售出20万台“施乐914”复印机，也因此取得了前所未有的商业成功。

政治风险是指由战争、国际关系变化或有关国家政权更迭、政策改变导致的创业者或企业蒙受损失的可能性。我国企业跨国投资所遭遇的政治风险主要属于这一类。例如，

2017年以来，美国对许多国家和地区特别是中国做出一系列不实指责，利用不断加征关税等手段对华进行贸易制裁。美方一系列的贸易制裁引发中美双方之间贸易摩擦加剧，对华为、中兴等高新科技公司，以及农业、工业等多个领域的进出口贸易造成极大的影响。

管理风险涉及资金、知识产权、人力资本优势的发挥等问题，以及在发展战略、经营决策、市场营销、产品售后服务、制度建设等方面的问题。这种风险具体体现在构成管理体系的每个细节上，可以分为四个部分：管理者的素质、组织结构、企业文化、管理过程。管理出现问题将会给企业与管理者造成无法挽回的损失。例如，因管理不到位，对职工的监督缺位，法国兴业银行蒙受巨大损失。该银行内部员工伪造的虚假交易造成了49亿欧元的损失，约合71亿美元。

生产风险是指创业企业提供的产品或服务从小批试制到大批生产的风险。如2022年9月，美国电动汽车品牌特斯拉在美宣布召回近110万辆车，为其上市以来最大规模的召回。特斯拉在一份文件中表示，部分型号车辆的自动车窗系统存在故障，这一问题可能造成人员手指夹伤。尽管目前并未发现任何与召回有关的保修索赔、车祸、受伤或死亡报告，但如此大规模的召回也在一定程度上影响了特斯拉的股票价值，其美股价格一夜之间大跌4.06%。

经济风险是指由于宏观经济环境发生大幅度波动或调整而蒙受损失的风险。例如2008年9月，在美国次贷危机加剧的形势下，市值一度位列美国第四的大型投资银行——雷曼兄弟公司(Lehman Brothers)，因投资次级抵押住房贷款产品的巨额亏损宣布申请破产保护，成为美国有史以来倒闭的最大金融公司。而此次危机迫使各国央行启动宽松货币政策拯救岌岌可危的金融市场，次贷危机演变为全球金融危机。

环境风险是指在创业过程中环境发生变化带来的利益损失，对于这种变化创业者自身无法改变。如对生产矿泉水的企业而言，一旦自然环境发生变化，水源遭到破坏，企业赖以生存的条件不复存在，这个企业就会遭受风险，甚至是无法弥补的损失。

（三）按对创业投资的影响程度划分

按对创业投资的影响程度，创业风险可分为安全性风险、收益性风险和流动性风险。

创业投资的投资方包括专业投资者与投入自身财产的创业者。安全性风险是指从创业投资的安全性角度来看，不仅有可能损失预期实际收益，而且有可能损失专业投资者与创业者自身投入的其他财产，即投资方财产的安全存在危险。收益性风险是指创业投资的投资方的资本和其他财产不会蒙受损失，但预期实际收益有损失的可能性。流动性风险是指投资方的资本、其他财产以及预期实际收益不会蒙受损失，但资金有可能不能按期转移或支付，造成资金运营的停滞，使投资方蒙受损失的可能性增加。

（四）按创业阶段划分

按创业阶段可分为新创企业起步阶段的风险、创业企业成长阶段的风险。下一节我们将按创业不同阶段对风险类型进行深入分析及讨论。

第二节　创业各阶段风险分析与防范策略

一、创业企业各阶段风险分析

（一）新创企业起步阶段风险来源分析

新创企业风险是指企业在创新创业过程中所存在的风险，这种风险多数是由于创业环境的变化以及创业机会、创业时机的不确定性造成的。创业环境复杂多变以及创业投资者的能力和投入资金有限可能导致创业活动与预期达到的目标产生偏移。新创企业在起步阶段的风险主要包括创业项目选择风险、人力资源管理风险、市场营销风险、创业管理风险、财务风险等五个方面。

1. 项目选择风险

新创项目选择风险是指在创业初期因投资者选择创业项目不当而导致的企业无法获得盈利、难以持续经营的风险。因此，在选择新创项目时首先应当对创业项目进行商机评估以确定这个项目是否值得经营。主要可以通过充分的市场调研来进行有效的判断，同时可以通过可行性研究来确定这个项目是否具有潜在的成功的可能性。

2. 人力资源管理风险

新创企业人力资源管理风险主要来源于人力资源规划风险、招聘与配置风险、员工离职风险、培训与开发风险、绩效管理风险、薪酬管理风险、劳动关系风险等。因此，创业者在创业初期应对新创企业人力资源管理进行预测，提前制订人力需求计划、招聘选择人员，并通过有效的管理手段调动员工的积极性，发挥员工的潜能，为企业创造价值，确保企业预期战略目标的达成。

3. 财务风险

财务风险是指企业在成立之初由于管理者经验不足而导致的财务结构设置不合理或因融资不当、经营不当而致使企业预期收益较低并产生财务危机的状况。导致财务风险的原因可以归结为企业自身因素和外界环境因素两类。

首先，新创企业产生财务危机的内部原因主要在于财务管理人员管理经验不足，很多财务管理人员由于缺乏风险意识同时缺乏科学的管理方法而做出错误的决策。如在资金的管理及使用、利益分配等方面存在的责权不明、管理不当的情况，在一定程度上造成资金流失的问题，致使资金使用效率不高，企业资金的安全性和有效性得不到保障。

其次，从企业外部环境来看错综复杂的社会环境是造成外部财务风险的主要原因。对于新创企业而言融资难的问题一直都存在，很多新创企业因融资问题而无法继续经营。同时，在经营过程中资金难以有效回笼，经营资金链断裂的问题也是新创企业必须要面对的困难。因此，如何对资金进行有效利用是一个关键问题。

4. 市场营销风险

市场营销风险指的是企业在成立之初制定并实施的营销计划具有不被市场接受的风

险，以及营销计划与营销环境不匹配导致的营销策略无法顺利实施而影响企业发展的风险。具体来说，主要体现在以下三个方面：

第一，营销模式传统老旧而带来的风险，一般指企业的营销手段和方法缺乏应对新形势的新思路和新方法，对消费者的变化缺乏调查和研究，开展营销工作时存在思维定式，对他人的市场营销模式如法炮制而带来的营销方式风险。

第二，新创企业过分依赖于广告带来的客源，而忽略了对固定客源的营销。很多新创企业宣传的唯一途径就是广告，虽然广告在企业成立初期具有非常重要的作用，可以较快带来大量客户，但这部分客户多数都是临时性的客户。企业管理者难以从中分辨出长期客户就容易降低客户忠诚度而导致客源流失，进一步影响营销策略的整体实施。

第三，新创企业在市场营销过程中往往缺乏危机管理意识，碰到突发事件时，由于管理者经验不足等，较难快速拿出富有创造性和实质性的危机处理方案。如果不能通过正确决策来应对突发事件，会对企业的营销策略带来致命打击。因此只有提前预判、树立危机管理意识并建立危机管理预案才能确保营销方案顺利实施。

5. 内部管理风险

内部管理风险主要来源于创业者的素质，创业者需要具备一定的专业技术知识和管理知识。如创业者的综合素质和综合知识存在缺陷往往会导致企业在产品创新上存在局限性，创业者因个人原因而忽略市场的变化或造成内部管理的不合理等也会给企业带来风险。另一方面创业者在企业创立之初也是最终的决策者，一旦决策失误会造成不可估量的损失。因此创业者在进行内部管理时应当充分收集并听取员工意见，要根据市场和企业的实际情况，不定期地调整组织结构以及部门岗位设置，来减少企业内部管理体制不合理造成的企业运营风险。

（二）创业企业成长阶段风险来源分析

1. 人力资源管理风险

随着创业企业进入到成长期，企业规模扩大，订单量增加，势必要扩充团队，扩大人员。但是很多企业的创业者并没有管理很多人员的能力和经验，这会导致一些人力资源管理方面的风险出现。具体来说，主要有以下几个方面：

（1）对于新招入企业的人员，没有签订相应的对企业进行保护的协议，特别是技术和商业秘密保密协议、一定年限内的竞业禁止协议。① 这样可能导致员工离职后带走企业的技术和客服资源，用在其他企业，给企业造成巨大的损失，这种情况在很多创业企业都曾经发生过。

（2）对于企业的核心人才和员工，没有建立起相应的股权激励机制或其他激励机制，留不住员工，导致企业很不容易招聘和培养起来的骨干人才白白流失。

（3）企业缺乏人力资源方面的战略和规划。许多企业进行员工招聘时，缺乏统一的管

---

① 竞业禁止是指根据法律规定或用人单位通过劳动合同和保密协议禁止劳动者在本单位任职期间同时兼职于与其所在单位有业务竞争的单位，或禁止他们在原单位离职后一段时间内从业于与原单位有业务竞争的单位，包括劳动者自行创建的与原单位业务范围相同的企业。

理和规划，往往是某个部门随意制定招聘岗位，等人员招聘进来之后才发现招进来的人员与岗位不匹配或者没有那么多的岗位。

（4）没有建立很好的人力资源方面的制度，例如人员招聘制度、岗位晋升制度、人员工资绩效分配制度、人员绩效考核制度、人员培训制度等。这些制度的不健全不完善，一方面，影响新招进来的员工的积极性，让他们感觉没有发展的前景和发展的动力，从而导致人才流失率高。另一方面这些制度的缺失也导致企业很难招到优秀的人才。

（5）企业用人失误，重要的岗位没有优秀、合适的人才来担当。部分创业企业在起步阶段依靠创始团队获得了成功，得到快速发展壮大。但是进入成长期之后，原有的管理团队人员对于管理处于快速成长期的创业企业可能存在着经验不足、能力有限、视野狭窄的问题。部分创业企业原有的管理团队自我感觉很好，不愿引入更优秀的人才，特别是技术人才还有营销人才，因此在关键的产品技术研发、技术改进以及市场营销拓展方面缺乏适应企业快速发展的优秀人才，企业的发展受到制约。另外，因为规模小，缺乏资金，没有知名度，而且可以付出的薪酬比较有限等原因，在起步阶段往往难以招聘到非常优秀的人才，招到的人往往对企业比较认可但是能力一般。如果到了快速成长期，这样的人还担任着企业的重要职位，对企业发展是很不利的，甚至会起到阻碍作用。

2. 内部管理风险

（1）企业创始人缺乏授权，事必躬亲。不少创业企业进入成长期后，管理模式仍旧停留在初创期，创始人对于下属不放心，没有建立优秀的管理团队，无论大事小事都亲自去管理决策，导致大量的时间精力都花费在具体事务上。创始人每天的工作非常辛苦，却没有很多精力去考虑企业的发展战略、人力资源队伍建设、应对市场变化、产品研发等，导致企业的发展陷入瓶颈。

（2）企业的管理制度和流程设计不健全不完善。有的创业企业飞速发展进入成长期后，企业创始人还是按照管理小企业的方法进行管理，没有建立并严格执行一整套完整合理的管理制度和流程。不是依靠制度，而只是依靠人来开展公司的日常管理。这样的管理模式是有不少漏洞和缺陷的，没有合理的制度和流程来进行企业内部监督、内部控制、内部风险控制，容易造成员工工作效率低下、随意损害公司利益、任人唯亲等问题。

根据北京商报微信公众号 2021 年 7 月 6 日的报道，曾经获得多轮融资、发展非常快的 ofo 小黄车，没有建立起相关的内控制度或者机制，导致公司在采购方面出现了很多漏洞，不少管理人员利用采购的权利索要收受高额回扣，给企业造成了很大的损失。

3. 战略决策风险

（1）企业战略规划不清晰，对于自身的发展缺乏合理的战略。不少创业企业在初创期制订了很好的创业计划，目标非常明确合理，战略也相对比较清晰，但是进入到成长期之后，面临的市场环境跟编写计划的时候相比已经有了很大的变化，这些战略已经不适合现在企业发展的实际和要求。

（2）企业盲目扩张，没有聚焦相关的主营业务。创业企业进入快速成长期之后，特别是一些拿到风险投资的企业，具备了一定的实力，拥有了较强的技术力量和资金，就会关注并追逐市场上的投资和行业发展热点，有多元化投资扩张的冲动。例如前几年不少创业企业完成起步阶段，进入快速成长期后，盲目追逐市场热点，搞多元化，纷纷进军房地产、人工智能等领域，结果却不尽如人意。

（3）企业缺乏发展的动力，创新不足。不少创业企业进入快速成长期之后，觉得创业基本成功了，小富即安，准备享受生活，忽视了产品研发和创新，失去了发展的动力。殊不知企业经营是逆水行舟，不进则退。如果没有了发展的动力，不创新，不向前发展，企业就有可能走下坡路，在市场竞争中处于劣势。

（4）企业对市场的掌握了解不够。部分创业企业进入快速成长期后，对市场的了解认识和研究仍停留在初创期。殊不知市场是瞬息万变的，市场早已不是初创期时候的市场，可能已经有了很多竞争对手。随着技术的进步与发展，市场上新产品不断涌现，消费者的偏好也发现了很大的变化。

4. 法律法规、政策风险

部分创业企业进入成长期之后，没有很好地熟悉和研究所处行业的法律法规以及各项政策。部分互联网企业的创始人还产生了先干起来、野蛮生长的观念，认为法不责众，只要企业做起来做大了，政策也会给予相应的支持。但是当前国家越来越重视法治，法律法规政策越来越完善，对于企业行业的监管越来越严格，执法力度越来越大，企业不能存在侥幸心理。例如，“滴滴出行”就因存在违法收集使用者的个人信息，于 2022 年 7 月被国家互联网信息办公室依据《网络安全法》《数据安全法》《个人信息保护法》《行政处罚法》等法律法规，对滴滴全球股份有限公司处以人民币 80.26 亿元罚款。而在被调查期间，“滴滴出行”APP 也一度被要求从各个软件平台上下架。此次事件对滴滴公司相关的业务造成了非常大的影响，滴滴刚在美国上市的股票价格遭遇暴跌。这就是企业不严格遵守国家相关法律法规和政策而导致巨大损失的案例。

二、创业风险的防范策略

（一）项目选择风险的防范策略

企业在创办之前就需要进行详细的市场评估和预测，并撰写全面的创业计划书。

首先，一定要选择自己熟悉并且喜欢的项目。同时根据自己的能力和素质选择可行性较强的项目。要注意扬长避短，如果选择的是自己不懂或不太熟悉的新行业会有较大的风险。

第二，要选择自己具有最丰富的人脉的领域。创业企业的成功离不开人际关系网络，人脉是新创企业的根基。是否具有较好的人际关系往往决定了创业企业能否持续运营。

第三，可以选择新的事物。一个新兴的产业出现之际，必然能够提供大量的创业机会，引发创业热潮同时带来一系列的连锁反应。例如近年来网购商业模式的快速发展。

第四，尽量选择有市场潜力的、填补市场空白的项目。对于项目的选择不能盲目跟风，应当选择有特色并且具有一定市场潜力的项目。在选择项目的时候一定要仔细观察、认真调查研究，在明确客户群体的需求之后再进行创业项目书的制定。

（二）人力资源管理风险的防控及员工离职风险的防范

人力资源管理风险伴随着创业的整个过程，管理者不能只停留在传统的管理模式中，需要提前预测并发现人力资源管理中可能存在的风险，做好应对措施。具体有以下几种措施可对人力资源管理风险进行有效防范：

第一，根据公司的发展战略，制订相应的人力资源战略并不断完善。人力资源战略作为企业人力资源管理的总的指导原则，指导企业开展人力资源各个方面的工作。用发展的理念制订企业的人力资源战略，做到与时俱进，支撑企业的可持续发展。

第二，建立完善一整套人力资源管理方面的制度。针对各个岗位制订岗位职责、薪酬制度、岗位考核制度、岗位晋升制度、岗位培训制度等。使企业员工明确了自己的工作职责、薪酬收入以及如何可以获得更多的物质和精神方面的奖励、如何晋升发展等。员工的工作绩效有了相应的制度保障，职业发展就有了清晰的方向和目标。同时，企业应以制度的方式建立一套内部调节机制及奖惩机制，强调团队成员对企业的贡献度，对于贡献大的员工予以奖励，对于贡献少或没有贡献的员工进行惩罚或调整。

对于已经在公司工作和新进入公司的员工，要签订技术和商业秘密保密协议、一定年限内的竞业禁止协议，从而保护公司利益。

第三，建立完善激励机制，吸引优秀人才加盟。当今时代，企业界已经充分认识到人才是企业最核心的资源之一，也是企业重要的核心竞争力。优秀的企业往往想方设法吸引、培养、留住优秀人才。例如知名的国内企业华为，每年都开出百万以上年薪来吸引优秀人才。这些优秀人才的加盟也极大地促进了华为的发展。创业企业应该结合公司的实际，学习借鉴一些优秀企业的做法，建立适合本企业实际，对人才具有较大激励作用的政策。具体来说，企业首先应该给人才提供一个优秀的平台，鼓励人才在企业这个平台上拓宽视野，不断创新，充分发挥自己的聪明才智。对于为企业经营发展做出了较大贡献的人才，应当在物质待遇上、精神上、感情上和职务上给予综合激励。例如通过评估人才为企业创造了多少价值，给予相应的现金或股票期权方面的激励。另外，还可以在职务上给予晋升激励。从事技术方面的人才，根据贡献可以晋升为高级技术工程师、首席技术专家等。对于从事管理工作的人才，根据贡献可以晋升为高级主管、部门经理、高级部门经理等，并提升相应的待遇。此外，精神感情方面的激励是指可以将表现优秀的员工评为优秀员工、明星员工、杰出贡献员工等，颁发奖状，在全公司进行公示，树立榜样，号召全公司向他们学习。公司总经理还可以邀请优秀员工一同进餐，看望慰问优秀员工家庭成员，单独给予优秀员工感情上的关怀也能有效激励员工，提升员工绩效。

对于优秀的关键岗位的核心人才，企业创始人需要大胆给予特别的激励政策，从而吸引并留住人才。具体来说，可以根据人才的重要程度给予其适当的期权，甚至赠送部分股份，并提供高级职位。例如快手研究院著的《被看见的力量》写到，快手公司的创始人和投资股东为了获得更大的发展，用首席执行官的职位以及很高的股份比例吸引来了宿华。宿华加入之后，公司获得了爆发性的增长。

第四，将心理学和管理学等相关学科的理论应用到人力资源管理，建立并打造一支相对稳定的创业队伍，并尽力营造一个和谐的环境，让团队成员获得归属感。

在创业试运行阶段需要充分发现问题，通过试运行磨合整个团队，观察每位成员的特点，让团队成员的特点和问题充分暴露出来以便于进一步进行岗位设置与调制。

第五，在员工入职离职管理方面，创业企业应对关键员工的离职问题进行特别关注。关键员工是指在新创企业内拥有专门的技术并掌握了企业内核心业务或核心客户的骨干力量。新创企业往往对人才尤其是核心人才的依赖度较高。他们的离职会给新创企业带来较大损失或致命打击。他们的离职主要是由内部和外部两种因素导致。当个人目标与团体的目标不一致时，或者企业难以为关键员工提供平台和足够的发展空间时容易出现关键员工流失。而对于外部而言，一旦外界提供了更好的发展机遇或大型企业提供了更好的工作环境也容易导致关键员工的流失。因此，充分了解关键员工的情况、掌握员工的需求有助于防范关键员工的离职。

（三）财务风险的预警机制

有效防范财务风险需要建立一套完整的风险预警机制和财务信息获取网络。在风险预警机制下，首先应该注意保持自有资金和借入资金的比例和适当的负债结构，同时可根据自身营业状况适当灵活地调节自有资金和借入资金的比例。例如处于销售淡季时可适当减少借入资金以及正常经营所需的运转资金，当销售业绩较好时可适当增加借入资金的比例以确保充足的运转资金。适当的调节可以有效避免还款期过于集中或资金利用率低下等问题。

其次，从资金风险预警体系来看，当投资利润率高于利息率时，企业可以通过增加融资、扩大负债，有效增加企业资本收益率；同样，当投资利润率低于利息率时，企业的负债就会增多，企业的收益就会减少。这个时候资金的风险也会非常大，就需要及时地预警并做出准确的调节。如不能进行正确的决策和调节企业会因此发生严重亏损甚至有破产的风险。

最后，在资金的使用和管理过程中需要合理制订还款计划，对于企业的负债应当保持谨慎的态度。保持一定的债务可以加速创业企业的发展，但应该注意保证收益率，尽力提高资金的使用效率，尽力缩短生产周期、加速资金的周转与回笼，以最优的管理保障企业的可持续发展。

（四）企业经营风险的防范策略

1．根据市场和企业的发展情况制定完善企业的发展战略

这个企业战略是企业总的指导方针，对企业而言非常重要。企业战略包括了企业总的目标，近期、中期、远期的发展目标，企业定位使命与企业的核心价值观，企业文化体系等。创业企业不应该因循守旧或者僵化地执行企业战略，而应该根据市场的变化、企业的实际以及企业引入的战略投资、风险投资等各方面的意见建议，制定切实可行的、符合企业实际的企业战略。

市场往往具有复杂性、变化性、矛盾性和不确定性等特征。创业企业需要积极并仔细发掘市场，在开发并维系潜在客户的同时稳定长期客户。企业应该积极地关注跟踪市场动态，随时对市场进行调查，并定期对消费者进行访谈。如果条件允许的话，最好能够成立消费者的网上社区和社群，通过网络与消费者进行深入沟通。另外，创业企业还可以购买相关咨询公司的市场研究报告，及时掌握所在行业和市场的动态，对市场今后的发展趋势进行判断。总之，创业企业应该通过各种方式积极地了解市场、把握市场，从而根据市场的变

化不断调整公司的营销策略，对产品进行改进和研发，更好地满足市场的需求。

2. 建立完善企业的各项管理制度和流程

创业企业可以通过认真制订并执行企业章程这一企业最重要的制度来有效避免内部管理风险和企业决策风险。

首先，制订公司章程是成立企业的首要步骤。在公司章程的制订过程中一定要明确投资者、决策者和执行者三者之间的相互关系，明确各自的责任和权益，并依次设定内部管理机构。

第二，在公司章程的总体设计中管理层次一定要清晰。对股东会的决策的范围、董事会的管理范围以及部门经理的执行层次予以进一步的界定和区分。

第三，在公司章程中需要明确企业运转的程序，例如审批程序、议会程序、信息公布程序、特殊事件表决程序等。只有对运转的过程加以界定才能有效防范新创企业的内部管理风险。

第四，新创企业一定要根据企业自身情况制订章程，切忌不切实际、缺乏操作性。很多新创企业在制订章程时大多照搬公司法的规定，没有根据自己的特点和实际情况，也没有经过股东大会的审议，导致公司章程可操作性较弱也起不到任何约束作用，甚至导致公司与股东之间、股东与股东之间发生争议，最终对企业的经营和运转造成致命打击。

第五，创业企业应投入大量的资源聘请外部的专家顾问或者管理咨询公司，根据公司实际情况建立一整套符合公司实际、完整合理的管理制度和流程。企业应该依靠制度来开展公司的日常管理，各级管理人员应在制度体系规定的岗位职责范围内开展管理工作。具体来说，创业企业可以建立完善包括企业章程、几个大的议事规则、公司主要经营管理制度、公司日常规章制度等在内的制度体系，并运用这套制度体系来进行企业投资决策、日常管理、内部监督、内部控制等。依靠制度来开展管理，可以让管理科学化、规范化、高效化，减少管理粗放、人为失误等造成的管理损失。

3. 企业创始人应该不断追求卓越

为了让企业保持强劲的发展动力，企业的创始人应该不断追求卓越，向伟大卓越的企业家学习、向成功的企业学习，多和成功的企业家和杰出人才交流，开阔眼界，不能小富即安，要立志做一番大事业。创始人和创始团队不仅要自我激励，更需要不断地激励公司的员工，让公司不断地发展。例如像苹果的创始人乔布斯，他在创业的时候就立志：活着就要改变世界。

4. 创业企业需要聚焦核心业务

创业企业需要聚焦核心业务，发挥核心竞争优势。创业企业要在激烈的市场竞争当中立于不败之地，获得生存和发展，聚焦核心业务是非常重要的。创业企业需要强化自己的核心竞争优势，而不是冒险四面出击、盲目搞多元化，让企业分散了资源，失去核心竞争优势。现在热门的投资热点，像房地产、人工智能、大数据等均具有较高的门槛，如果企业不具备进入这些行业的资金、人才以及配套资源，则很难取得很好的发展。

创业企业要不断认真学习并严格遵守国家相关的法律法规及政策，不触碰高压线。随着创业企业不断地拓展市场和产品，涉及的法律法规以及政策问题也会随之增加。企业最好定期组织学习，并检验大家的学习成果，避免或减少员工在工作中产生法律纠纷的风险。另外，企业应该聘请专门的法律顾问或者签约律师事务所作为企业的法律顾问，并主动向政府相关主管部门例如市场监督管理局、税务局、工信委等咨询请教，及时咨询了解相关的法律法规及政策问题，避免法律风险。

精选案例2 小李开杂货店失败案例

小李大学毕业后一直想通过创业自己做老板，看到邻居在小区里开了一家食品杂货店，收益一直不错，颇为心动。于是租了小区内一个库房做店面，筹集了一万多元钱做启动资金，进了一些货品，开了自己的食品杂货店。但是经营了两个月后，小李的食品杂货店就撑不住了，不得已关张。为什么小李的店会经营惨淡呢？原来，小李为了突出特色，没有像邻居一样销售茶、米、油、盐等大众用品，而是将经营范围锁定在沙司、奶酪、芝士等一些西餐调味食品上。但是小区里的居民对她的货品需求少，加上她店面的位置在小区边缘，很多邻居都不愿意绕道过去，而且营业时间不固定，由着她的性子来，所以生意不红火。很多大学生都有小李这种求新求异的心理，这是优点但也是致命的缺点。经营项目虽然需要有自己的特色，但必须符合市场规律的需要，符合客观环境的需要。

思考题

（1）什么是创业风险？创业风险有哪些类型？

（2）如何识别创业风险？

（3）请阐述创业企业起步阶段和成长阶段的风险来源。

（4）请阐述创业企业的风险防范策略。

第六章

创业融资与财务管理

本章重点

(1) 创业融资与财务管理的内涵;
(2) 创业融资的方法;
(3) 财务管理的方法和主要的财务指标。

俗话说:兵马未动,粮草先行。对于创业而言,资金就是粮草。筹集到足够的资金,并管好用好资金,必然能够助力创业成功,反之,创业就可能无法成功。如何进行创业融资和做好财务管理是本章将要学习的内容。

第一节　创业融资

一、创业融资的基本概念

(一) 创业融资

创业融资是指创业企业根据自身发展的要求,结合生产经营、资金需求等现状,通过科学的分析和决策,借助企业内部或外部的来源和渠道,筹集生产经营和发展所需的资金的行为和过程。

(二) 创业启动资金

创业启动资金是指创业项目筹办时,购买企业运营所需的资产及日常各种必要的开销,如:场地、办公家具、机器、原材料、库存商品、营业执照、开业前的广告和促销、工资、水电、通信等费用。一般来讲,创业启动资金可分成三类。

一是投资(固定资产投资)。固定资产投资指企业购置价值较高、使用寿命较长的大型物品,如:房屋及建筑物、机器设备等。第一类是企业用地和建筑,主要是指以购置方式取得的企业用地和建筑物。大学生创业初期，一般资金有限，而购买企业用地和建筑物需要的资金多，因此初创企业一般采用租赁办公场地的形式。第二类是设备，即创业企业经营过程中需要的机器、工具、工作设施、运输设备、办公家具等。

二是流动资金。流动资金指企业日常运转所需支付的资金，如：工资、租金、原材料、产品储存、库存现金、银行存款、应收款及预付款、保险费、水电费、办公费、交通费、税费等。

三是开办费。开办费指创办企业需要的一些办证费、验资费、技术（专利）费、加盟费等。

准确预测创业启动资金的数额是开展创业融资的重要基础。创业启动资金额测算不足，可能导致资金链断裂，甚至创业失败；测算过多，则会增加融资成本，可能影响股权结构，甚至制约企业后续发展。

（三）创业融资的类型

按照资金来源不同，融资方式可以分为内源融资和外源融资。内源融资是指企业通过自身的经营积累或者通过内部集资积累资金，这种方式无须筹资费用，是许多初创企业的首选融资方式。外源融资就是借助外部力量达到吸收资本的目的，大致可以分为股权融资和债权融资。

股权融资是指出让部分股权以达到融资的目的，用此种方式融资无须偿还从投资人处获得的投资资金，资金使用期限长，财务风险小，还能增加企业的实力和信誉。但股权融资会导致企业控制权分散，甚至使创业者失去控制权，并且因为所有股东要共享利润，股权融资成本也要高于债权融资。

债权融资是指通过借款的方式筹集资金，所筹资金必须在一定期限内偿还，一般还必须给付一定的利息。通过债权融资不会影响企业的控制权，与股权融资相比融资成本相对较低。但因为需要定期偿还本息，债权融资会造成较大的财务风险，企业在创业初期现金流压力巨大，定期还付债务极有可能导致现金流供不上，资金链最终断掉，造成毁灭性的打击。因此，合理确定债权融资比例是创业者融资时需要重点考虑的问题。

二、创业融资的主要方式

（一）政策基金

2014 年 5 月，我国人力资源和社会保障部发布了《人力资源社会保障部等九部门关于实施大学生创业引领计划的通知》，随后各省市也纷纷出台了各项关于在校大学生和应届毕业生创业的优惠政策。出于鼓励和支持创新的目的，政府制定出了一系列扶持性融资政策，具体包括财政补贴和贴息、创业基金三种渠道。带有补贴性质的优惠政策有：创业培训补贴、开业补贴、创业社会保险补贴、场地租金补贴、创业带动就业补贴等。贴息政策主要指创业担保贷款及贴息。创业基金是指由政府出资，并吸引有关地方政府、金融、投资机构和社会资本，不以营利为目的，以股权或债权等方式投资于创业风险投资机构或新设创业风险投资基金，以支持创业企业发展的专项资金，是政府为引导社会资本和民间资本进行投资，从而促进战略性新兴产业和支柱产业发展，鼓励年轻人创业而提供的基金。

国家和各级政府的资金扶持力度在逐年加大。根据创业项目的科技含量、吸纳就业率及潜在的社会效益，政府会给予2万～15万元不等的资金扶持。这在一定程度上降低了大学生创业的资金成本，缓解了大学生创业融资的压力。近年来，共青团中央和全国青年联合会等社会团体、政府部门组织成立的中国青年创业就业基金（YBC），一直致力于支持青年大学生的自主创业活动。其作为青年公益性计划，向经过资格审查和项目甄选、符合条件的青年创业者提供无担保抵押、贴息或低息的贷款，贷款额度一般在3万～5万元之间。

优点：融资成本低，只需要出让极少的股份就可以获得政府的资金补助，而且这种参股往往还是有期限限制的。不仅如此，创业风险投资机构会与政府引导基金共同投资，企业相当于同时获得两份融资，极大地降低了大学生的融资难度。跟其他融资渠道相比较，这种融资渠道获取资金的风险小。

缺点：受国家政策、财政状况等因素的制约，资金来源有限，在地区间的投放也不均匀。由于申请人数较多，条件比较严格，竞争较为激烈，获得的支持力度也较为有限。政府给予的大部分贷款优惠性政策只是针对创业初期，一旦这些创业资金用完，大学生创业者便很难再次获得融资支持，故此融资渠道缺乏持续性。此外，政府融资基金大多面向创新类科技类项目，受众面窄。

（二）高校创业基金

大部分高校为了支持大学生进行自主创业，往往会设立本校的大学生自主创业基金，这也是大学生创业资金的一种来源。高校创业基金就是各个高校筹资、设立的专门用于大学生创业的基金。其来源较广，包括企业、校友和个人捐赠等。在校大学生可以通过申报各高校的创新创业项目，也可以通过参加各种大学生创业大赛来获取创业的初始启动资金。除获得创业大赛给予的奖金之外，大学生若能将参赛项目立刻投入社会生产，还可以直接申请免除评审并即刻获得大学生创业融资基金。

优点：这种资助往往是无偿的，创业者基本不需要付出什么成本，无须考虑还本付息的可能性，只要符合申请条件即可。

缺点：获得的资助是一次性的，无法获得持续性的支持。资金的规模不大，一个项目的资助金额可能仅仅是几千元到几万元不等，有可能根本无法满足大学生创业的资金需求，尤其是科技型的企业，往往需要金额较大的启动资金，高校创业资金在这时则显得捉襟见肘。由于高校创业基金有限，能够申请到创业基金的名额十分有限且申请手续烦琐，一旦该高校创业的大学生过多，就会出现僧多粥少的局面。此外，我国的高校创业基金发展较晚，相关法规政策还不甚完善，一旦出现法律纠纷，会给大学生的初创企业带来很大的不利影响。

（三）金融机构创业贷款

金融机构贷款指金融机构发放的有借款期限和利息条件的款项。创业贷款是银行等金融机构为支持大学生创业，专门针对高校学生发放的信用贷款。农村中小金融机构和邮储银行的小额贷款是当前银行机构支持大学生的主要渠道，主要包括信用贷款、抵押贷款、担保贷款和贴现贷款等。随着我国“双创”政策不断深化，目前这些小额贷款的手续都比较简易，利率低的同时还不需要同等价值的抵押品或担保，还款方式较为灵活。根据国家有关政策，金融机构还可以给大学生创业提供小额政府贴息贷款，这种政府贴息贷款的政策期限一般为1～2年，可供企业短期无偿使用，成本较低。

优点:银行有雄厚的资金实力,信誉良好,服务网点众多,服务程序规范,资金来源稳定,能满足较大数额或者多次的融资需求。贷款资金结算快捷规范,有严格的法律和制度保障。银行可以向贷款人提供专业理财建议,值得创业者信赖,对于企业的经营具有指导意义。商业银行创业贷款利率一般比较低,有些地区还有一定的补贴。

缺点:银行贷款的申请手续较为繁杂,对申请企业的资质、信用及主营业务内容等要求比较高,申请周期也较长。有的金融机构在提供贷款时要求提供抵押或者担保,不利于大学生创业企业快速融取资金。某些小额贷款,除需要缴纳基准利率利息外,还要承担各项手续费用,导致融资成本增高。若贷款周期较短,公司可能正处在稳步上升阶段时,却需要归还银行贷款,影响企业资金链,甚至影响公司的正常运营。

(四)亲情融资

此种融资方式是指大学生向自己的家庭或亲戚筹集资金。由于大学生创业项目在很多情况下可能是只具有较好的创意,而缺乏对创业项目的整体考虑和对产品上市后的后续推广等问题的考虑,存在较大的风险性,因此可供其选择的融资渠道也是较为有限的,亲情融资也就成了大学生创业初期融资的最常用渠道。

优点:这种融资方式靠亲情"连线",一般不会出现中途撤资的现象,融资成功率高,资金来源简单,手续简便,款项也是一步到位。筹资风险小,筹资速度快,不需要担保,大多数情况下也无须支付利息或者支付较低的利息,也无须提供信用记录和抵押资产,筹资成本低。相对于银行的定期催款等,亲情融资相对自由,大学生可以专注于公司运营,而不用将大量精力投入融资,更有利于创业的成功。

缺点:筹措的资金数额有限,很难满足创业所需的大量资金,通常还需要与其他的渠道配合。资金的持续性不强,只能作为大学生创业初期的资金来源而无法满足企业后续发展的需要。依靠家庭的亲情融资方式将风险一定程度上转嫁到了自己的家庭和亲戚身上,一旦创业失败或者资金链断裂,可能会影响亲情、友情、甚至个人的名誉,甚至让家庭和亲人陷入严重的困境。

(五)合伙融资

合伙融资指多个创业者共同出资,按出资比例确定各自所占股份,开展创业经营活动的融资方式。合伙创业者按照"共同投资、共同经营、共担风险、共享利润"的原则,签订合伙协议,明确个人的分工,对各自的责任和权利做出明确的约定。

优点:从多个合伙人处筹集资金,在扩充资金来源渠道的同时大大减轻了单人融资的负担,可以比较充分地解决创业初期资金不足的问题。合伙人按照股份份额出资,共同经营合伙企业,按照出资的份额分享利润、分担压力和风险,权责较为清晰。可以获得制度和法律的保障,一般来讲产生的经济纠纷比较少。融资周期也较短,可以缓解企业初创期以及经营过程中的资金短缺问题。通过利益捆绑,可以吸纳不同类型的创业人才,优化经营管理水平,还可以有效分散创业的压力和风险。

缺点:融资规模有限,合伙人之间的法律关系较为复杂。合伙人需要共同决策、达成一致,随着合伙人数增多,可能在权力分配、发展战略、经营决策等方面出现分歧,从而产生矛盾,影响企业经营的效率。一旦创业项目的发展遭遇瓶颈,合伙人可能彼此推脱责任,甚至指责他人，容易引发团队信任危机，不利于创业工作的顺利开展。如果合伙融资成立的是普通合伙企业，那么合伙人将对企业债务承担无限连带责任，财务风险较大。

（六）风险投资

风险投资指具备资金实力的投资机构或个人对具有专门技术、独特资源同时具备良好市场发展前景，但缺乏启动和发展资金的创业项目或创业团队进行资金或资源注入，承担投资风险并按照约定条款享受投资回报的投资行为。为了吸引风险投资人，创业者出售自己的部分股份，借此获得资金用于发展企业和开拓市场。风险投资者常以参股的形式参与到创业企业的运营当中，实现增值目的后，为了降低投资风险往往会退出投资，因此不会对创业企业进行长期投资。大学生创业能否争取到风险投资者的资金支持，主要取决于项目的潜在收益和发展前景。可以选择有较好发展潜力、高成长型的项目，设计详细的项目规划书，投交给风险投资机构，说服他们对项目进行风险投资。

风险投资是目前一种发展速度较快的外源融资模式，是一种高风险（很可能血本无归）、高回报（如若成功可获超高额回报）的股权投资，主要由那些追求高收益同时能够承受高风险的机构进行。风险投资一般多倾向于具有较大的发展前景和较高的科技含量的项目，这些项目能够为企业和风险投资家带来较高的经济收益。大学生是一类有知识有文化的创业群体，很容易通过设计具有较高科技含量的项目来吸引风险投资者，获得较大数额的资金支持。风险投资机构属于金融中介，是风险投资的参与者和实际操作者。网易、百度、阿里巴巴等公司在创业阶段都获得过风险投资的注资。

优点：融资的资金量较大，可以有效解决创业资金缺口，在短期内推动企业业务实现快速增长。风险投资者不太关注企业目前的盈利状况，他们更关注企业未来的发展，对于刚起步的创业公司来说，不需要考虑当前向投资者支付报酬、利息等相关问题，只需要着眼于企业未来的发展，一心一意地做好经营。风险投资者对使用资金的要求较为严格，可以借助其提升公司的财务管理水平和规范内部管理流程。

缺点：投资的门槛较高，对创业企业自身的条件与发展前景、创业项目的科技含量以及附加值要求较高。除了高新技术类别的创业项目外，一般创业项目很难获得风险投资。资金使用的约束性强，对创业企业的经营业绩要求高，投资多以短期为主。获得风险投资要经过较多的沟通谈判，难度大，周期一般也较长。专业的投资机构通常不太愿意投资早期的项目，并且有时会以企业的控制权作为筹码，在面临企业的重要决策时，大学生创业者可能会失去重要的发言权和决策权，重新变成打工者，这将严重挫伤大学生创业的积极性和主动性。

（七）天使投资

天使投资是指民间的投资机构或自由投资人（具有一定物质财富），对处于构思状态的原创项目或小型初创企业进行的一次性的前期投资。天使投资是一种权益资本投资方式，资金主要来源于民间资本，一般都是对一个项目或者产业进行的一次前期投资。

优点：天使投资是一种非组织化的创业投资模式，具有投资范围广、投资操作简捷的特点，其融资要求较低，融资速度快。如果项目本身具有创新点，也有较好的成长发展潜力，就能获得天使投资人的项目启动基金，因此这种资金筹集模式就比较适合大学生创业融资。

缺点：天使投资人会对投资企业进行严格的资格审核与背景调查，评估创业项目的可持续价值。天使投资大多为一次性的初期投资，投资力度较小，天使投资者通常对风险的认识不够，完全根据自己的心情去投资，当被投资方没有带来预期的收益时，天使投资者将不再继续给予资金支持，导致后续资金供应不足，这对初创企业无疑会造成巨大打击。如果没有特殊的关系存在，天使投资人更愿意把资金投给创业风险小的项目或者比较有前途的项目。某些投资者的控股意愿较强，易与大学生发生冲突，处于劣势的大学生容易失去对创业企业的控制。

（八）互联网融资

互联网融资是指通过互联网技术、信息通信技术和金融功能的有机结合，依托大数据和云计算在开放的互联网平台上形成的功能化金融业态及其服务体系，包括传统金融机构和互联网企业利用互联网技术提供的支付结算、融资、投资等金融服务获得资金。这是目前一种比较流行的融资模式，资金的申请方与提供方在网络上进行借贷活动。在实践中，非银行互联网融资的典型模式为网络平台众筹、电商微贷和私募股权投资融资等。

众筹融资是指创业者个人或团体通过互联网众筹平台向公众展示自己的创业项目，以获取公众的资金支持，为创业企业进行资金筹集的一种融资方式。众筹的平台主要有：京东众筹、淘宝众筹、苏宁众筹等。在“互联网＋”的金融背景下，网络借贷平台依托大数据技术的支持，系统分析大学生创业项目的可实施性和资金需求，做出快速而全面的调查和评估，在实现资源有效合理配置的同时，及时提供创业资金以资助大学生创业。近年来，互联网融资平台的小额贷款业务增长很快。其特点是以淘宝、天猫等电子商务作为借贷平台，以小额贷款的申请者的后台交易数据作为依据，对贷款者的综合还款能力、经营水平和信用记录做出评估。如果贷款者达到申请小额贷款的条件，则会帮助贷款申请者申请小额信贷。

电商微贷即第三方独立机构通过与银行等机构进行签约，为用户与银行搭建桥梁，或者根据信用记录，独立与平台用户建立借贷关系，如阿里巴巴公司的支付宝、腾讯公司的微信、京东金额等。第三方平台和大数据的运用，能够大大降低创业者获得资金所需的时间，也能满足大量对资金有不同需求的大学生创业者。

优点：依靠大众力量，具有较高的开放性和显著的低门槛，综合性较强，一般对信用和抵押的要求比较低，成本较低，速度较快，操作起来难度较小。信息传播广泛迅速，形式新颖，可以提高项目知名度，具有典型的互联网营销的特点。通过第三方众筹平台审核后的创业者可发布企业及创业项目的信息以吸引公众投资。众筹投资者的主要动机由对项目盈利能力的认可拓展到对创意、产品的支持和喜爱，或仅仅是慈善，这给创业者带来更多的机会和资本。

缺点：项目发起人需在规定时间内交付符合消费者需要的产品或服务，存在产品设计、生产和交付的压力。投资人不专一，不能连续投入资金。现阶段这一类的网络融资方式，存在着法律体系不健全、监管滞后的问题。除此之外，学生在网络融资平台上进行融资往往要公开自己的创意、产品信息以及盈利模式。由于大学生自我保护意识普遍比较差，对信息披露和自我保护的边界拿捏不准，因此也会遇到创意被人窃取的情况。互联网上存在着铺天盖地的信息，大学生项目被注意到的可能性不高，融资的成功率也不高。

三、大学生创业融资过程中要注意的几个问题

（一）坚定创业信心和培养受挫能力

大学生自身的创业能力不足是制约大学生获取创业资金的重要因素。在校大学生创业往往出于一时的热情和冲动，而缺乏对创业项目的长远规划以及充足的心理准备，导致他们在创业过程中一旦遇到挫折和困难，就容易放弃和气馁。有的大学生只是把创业当作一种经历，在大学期间积极参与创新创业实践，并做出了一定的成绩，但毕业后，大多数大学生放弃了原先有一定起色的创业项目，导致创业项目面临无法传承接续的问题。很多大学生虽然有足够多的理论储备，但缺少实践经验，只会按照书本所学知识进行操作，不了解具体的程序，不知道要准备哪些文件，做起事情效率不高。

（二）全面评估创业融资，切不可急于求成

大学生创业者为了加快创业步伐，只求尽快获取所需资金，往往忽略了融资之前的规划，不惜低价抵押公司技术，或者大量出让公司股权。而创业融资过程中急于求成，则会造成难以估量的损失，不仅会影响创业企业的社会形象还会对后期的发展形成较大的阻碍。所以，对于选择创业的大学生来说，应当对融资过程中涉及的方方面面进行深入的思考与分析，决不能因为眼前的蝇头小利而损害自己的切身利益和企业日后的发展潜力。

很多大学生在向投资人介绍项目时，缺乏长远考虑，只分析当下的情况，不向投资人展现项目未来的市场，只顾介绍自己的产品和技术，没有洞悉投资人的想法；对于资金方提出的问题，往往缺乏耐心，没有仔细解答。“纸上谈兵”成为他们的一个标签，最终导致本该到手的资金不翼而飞。在选择融资方的过程中，创业者多考虑资金问题，而不是投资方是否与创业者的经营理念相契合，导致双方的经营理念难以达成一致，严重的还会导致公司倒闭。

（三）谨慎选择融资对象

刚毕业的大学生往往由于缺少足够的创业资金而处于被动，因此面对具有投资意向的投资者，他们往往会因为眼前利益而忽视了对投资者真实的实力以及信誉度等进行深入的调查和分析，给企业的后续发展埋下了隐患。为了避免此类事件的发生，大学生创业者应当及时对投资者进行必要的了解和评估，做到知己知彼。

在急需资金的情况下，大学生创业者往往对资金来源缺乏理性判断，盲目募集高成本资金或者非法资金，导致公司背上沉重的债务甚至违反法律。

（四）不断学习各项创业融资技能

大学生自身的综合水平和专业技能也是影响创业融资的主要因素之一。大学生的理论知识相对比较扎实，但由于成长和生活环境主要是校园，较少与实际的市场接触，捕抓关键的市场信息的能力不足，商业眼光不够敏锐，很难真正找准市场的需求，创业项目的商业价值不大，提供的商品或服务的市场潜力不足。可见，能否准确掌握市场信息，找准具备真正商业价值的创业项目是大学生创业成败的关键。

随着“双创”的不断推进，大学生产生了越来越高的创业热情，创业项目也涉及方方面

面，包括传统的服装行业、餐饮行业等，也包括新兴的网络直播、影视编辑等，创业方式多样，商业模式灵活。但是这些创业项目缺乏技术创新性，无法吸引风险投资和机构投资。社会投资者往往更倾向于能力超群、意识超前的大学生创业者，只有这样的大学生才能让投资者愿意了解创业项目进而追加投资。

受知识水平以及社会阅历等因素的影响，大多数大学生创业者尚未对企业未来的长期发展做好充足的准备，抗风险能力弱。此外，创业者由于缺乏专业的财务管理经验，成功融资之后，对资金的使用缺乏合理的规划，盲目地使用资金，也不具备较强的风险意识，会导致资金管理不善甚至资金链断裂的情况出现，增加了创业的安全隐患。大学生创业者只有具备较强的风险意识和直观判断能力，才能吸引投资者的注意并获取足够的创业资金。

（五）关注并掌握融资渠道及相关政策

很多大学生创业者在大学并不是主修营销、财会、管理等专业，对融资渠道方面的了解不足。大部分大学生在自主创业时会选择向家人或亲戚朋友融资，而不把注意力投向金融机构、风险投资机构、知识产权质押融资等渠道。有的大学生不知有天使投资、风险投资等，不知如何获得创业启动资金。尽管大学生创业基金的申请条件较为宽松，但是大多数创业者对于政府扶持政策的了解仅仅是通过高校老师、电话网络咨询以及座谈会等途径，仅仅建立了一个基本概念。

大学生更多的是从网络上或电视上、新闻媒体中看到创业的成功例子。对于创业项目的资金预算往往理想化，缺乏科学的预算与评估。总认为创业启动资金越多越好，缺乏长期的规划和对机会成本的核算。在利润预测方面又往往过于理想化，无法科学预测利润情况。在流动资金方面也容易忽略规划，不能及时发挥流动资金的杠杆作用。因而在实际创业过程中，创业者要学习经营管理知识，关注国家政策方针，发挥创业资金的最大效用。

第二节　财务管理

一、财务管理的基本概念

（一）财务管理

财务管理(Financial Management)是企业为了达到经营目标而进行的资产、投资、筹资、营运资金、利润分配等一系列的管理活动。财务管理活动是对企业具有价值形态的资产等进行有效的计划、组织、控制等，贯穿企业初生期、成长期、成熟期、衰退期四个生命周期，具有综合性强、覆盖面广的特点，是现代企业管理的核心内容。

（二）财务管理在大学生创业中的重要意义

财务管理是大学生创业的基石，贯穿大学生创业的整个过程。从创业计划书的制订、初始资金的预测到筹集资金，再到会计账户的设置、会计信息的如实记录，财务管理就像一条链条，把诸多节点的管理活动连接成一个整体。从成本核算到风险控制，从报表编制到经营决策，财务管理都承担着重要角色。在企业的日常管理中，财务管理也是渗透每个角落，从开始的工商注册登记，再到员工薪酬的核算、差旅费报销等都离不开财务部门的监督和审核。每笔业务的发生都会登记在册，每笔资金的合理使用都会被审核，每项业务的开展都与财务指标相关，因此，财务管理活动贯穿于大学生创新创业的整个过程。

企业能否持续经营是创业是否成功的衡量依据。企业经营情况的好坏可直接从财务指标中看出，比如创业目标是否可行可以通过利润等指标得到反映，产品是否适销对路可从存货的多寡进行判断，经营风险的收益可从投资回报率得出，企业的经营成果的分析可助力于下一步经营活动的开展。因此，规范的财务管理活动不仅是经营决策制定的基础，更是保障企业持续经营的重要保障。

二、大学生创业财务管理中应注意的重点问题

（1）加强对财务管理知识的学习。大学生创业团队中财务会计专业的成员往往很少，创业团队对基本财务知识的掌握不足，甚至可以说是薄弱，因此创业者和管理层必须系统地学习财务管理知识，了解基本会计概念，掌握记账方法，看懂财务报表，提升财务分析能力。

（2）建立科学的投资决策体制。创业前要做好经营规划，预测投资额、未来几年的收入、成本、利润和现金流量，在此基础上进一步测算净现值，计算分析投资收益率、内含报酬率和投资回收期等，科学进行投资决策。

（3）建立规范的财务管理和核算制度。创业企业应配备专业财务人员，制定财务管理制度，规范会计核算，定期编制会计报表，按期纳税。有了规范的财务核算，才能在此基础上进行财务分析，寻找经营管理中的不足之处，有针对性地采取持续改进措施，提升经营管理绩效。

（4）明晰股东股权。股权分配不清晰是导致创业团队失败的主要原因之一。大部分的创业团队都是几个人合作，如果一开始没有明确股权分配及对应的权益关系，后面极易因利益分配不均造成重大问题上的决策不统一、股东内部矛盾、团队分裂等情况，影响企业发展。

（5）公私财产分明。许多大学生在创业时将公司账户和私人账户混用，公司账户和私人账户资金相互拉用，这将会导致一系列的法律问题。如果将公司往来资金通过经营者个人的账户进行活动，经营者不仅需要承担相应的民事责任，还可能需要承担一定的刑事责任。公私不分，还会导致股东出现矛盾时，很难弄清楚资金的所有权到底是属于个人，还是属于公司。

（6）树立财务风险控制意识。财务风险是指企业资金链断裂的风险。导致资金链断裂的因素有很多，如负债方式、集资情况、资金使用方式等。因此，对于创业初期的大学生来说，一定要正确衡量自己所需面临的财务风险，并提出相应的防范措施。

（7）树立成本效益观念。成本的高低将直接影响创业项目的利润，减少不必要的成本支出有助于提高利润，但是提高利润并不是一刀切地减少成本。如果增加成本可以为创业项目带来收益，并且收益超过了增加的成本，那么这种成本增加就是合理的。相反，如果减少成本反而导致收益降低，那么这种成本控制措施便是不合理的。

(8) 利用财务评价方法和工具进行科学的管理、决策。创业大学生要学会使用财务评价方法和工具,例如使用销售百分比法、回归分析法预测资金需要,通过分析财务指标发现企业经营管理中的问题,采用本量利方法及剩余股利法管理利润等,提高企业的经营绩效。

三、财务分析

(一) 财务分析与财务报告

1. 财务分析

财务分析是以财务会计报告为依据,采用专门的方法,评价和分析企业的财务状况、经营成果、现金流量、所有者权益,以便于债权人、投资者、管理层、政府部门等利益相关者做出正确的经济决策。

2. 财务报告

编制财务报告不仅是企业的法定义务,也是企业管理的必然要求。我国公司法规定,公司应当依照法律、行政法规和国务院财政部门的规定建立本公司的财务、会计制度。公司应当在每一会计年度终了时编制财务会计报告,并依法经会计师事务所审计。财务会计报告应当依照法律、行政法规和国务院财政部门的规定制作。

《企业会计准则》规定,财务会计报告是指企业对外提供的反映企业某一特定日期的财务状况和某一会计期间的经营成果、现金流量等会计信息的文件。财务会计报告包括会计报表及其附注和其他应当在财务会计报告中披露的相关信息和资料。会计报表至少应当包括资产负债表、利润表、现金流量表等报表。小企业编制的会计报表可以不包括现金流量表。

资产负债表(见附表)是指反映企业在某一特定日期的财务状况的会计报表。资产负债表根据资产、负债、所有者权益之间的关系,按照一定的分类标准和顺序,把企业一定日期的资产、负债和所有者权益各项目予以适当排列。它反映的是企业资产、负债、所有者权益的总体规模和结构。现行企业会计制度要求采用账户式格式的资产负债表,分为左右两方,左方列示资产项目,右方列示负债及所有者权益项目。

利润表(见附表)是指反映企业在一定会计期间经营成果的会计报表。企业一定会计期间的经营成果既可能表现为盈利,也可能表现为亏损,因此,利润表也被称为损益表。利润表揭示了企业在某一特定时期实现的各种收入、费用、成本、支出,以及企业实现的利润或发生的亏损情况。

现金流量表(见附表)是指反映企业在一定会计期间的现金和现金等价物流入和流出的会计报表。通过现金流量表可以看出经营活动、投资活动和筹资活动对企业现金流入流出的影响。现金流量表提供了企业本期及以前各期现金的流入、流出及结余情况,企业当前及未来的偿债能力和支付能力,及时发现企业在财务管理方面存在的问题,评价企业当期及以前各期取得的利润,预测企业未来的财务状况,为科学决策提供充分的、有效的依据。

附注是指通过文字描述或明细资料对在会计报表中列示的项目进行补充说明,以及对未能在这些报表中列示的项目进行说明,帮助财务会计报告使用者全面了解企业的财务状况、经营成果和现金流量。

（二）常用的财务指标

常用的财务指标包括偿债能力指标、营运能力指标、盈利能力指标、发展能力指标、投资决策指标等。

1. 偿债能力指标

偿债能力是企业偿还各种到期债务的能力，分为短期偿债能力和长期偿债能力。用于评价短期偿债能力的财务指标主要有流动比率、速动比率、现金比率、现金流量比率；用于评价长期偿债能力的指标主要有资产负债率、所有者权益比率、权益乘数、产权比率、有形净值债务率、偿债保障比率、利息保障倍数、现金利息保障倍数等。

1）流动比率

流动比率＝流动资产/流动负债。

流动比率越大，说明企业短期偿债能力越强，反之则弱。一般认为流动比率应在2左右较为合适。

2）速动比率

速动比率＝（流动资产－存货）/流动负债。

速动比率越大，表明企业偿还短期负债的能力越强，反之则弱，一般认为流动比率应在1左右较为合适。

3）现金比率

现金比率＝（现金＋现金等价物）/流动负债。

一般认为现金比率在20%以上较为合适。

现金流量比率＝（经营活动产生的现金流量净额）/流动负债。

4）资产负债率

资产负债率＝负债总额/资产总额。

资产负债率越高，偿债能力越弱，反之则强。

5）所有者权益比率

所有者权益比率＝所有者权益总额/资产总额。

所有者权益比率越高，偿债能力越强，反之则弱。

6）权益乘数

权益乘数＝资产总额/所有者权益总额。

权益乘数越大，偿债能力越强，反之则弱。

7）产权比率

产权比率＝负债总额/所有者权益总额。

产权比率越大，偿债能力越弱，反之则强。

8）有形净值债务率

有形净值债务率＝负债总额/（股东权益总额－无形资产净值）。

有形净值债务率越低，偿债能力越强，反之则弱。

9）偿债保障比率

偿债保障比率＝负债总额/经营活动产生的现金流量净额。

偿债保障比率越低，偿债能力越强，反之则弱。

10）利息保障倍数

利息保障倍数＝（税前利润＋利息费用）/利息费用。

利息保障倍数一般要大于1，才能保障偿付债务及利息。

2. 营运能力指标

营运能力是企业运用各种资产赚取利润的能力，反映企业营运各种资产的效益。

用于评价企业营运能力的财务指标主要有应收账款周转率、存货周转率、流动资产周转率、固定资产周转率、总资产周转率等。

1）应收账款周转率

应收账款周转率＝赊销收入净额/应收账款平均余额。

应收账款周转率越高，营运能力越强，反之则弱。

2）存货周转率

存货周转率＝销售成本/存货平均余额。

存货周转率越高，营运能力越强，反之则弱。

3）流动资产周转率

流动资产周转率＝销售收入/流动资产平均余额。

流动资产周转率越高，营运能力越强，反之则弱。

4）固定资产周转率

固定资产周转率＝销售收入/固定资产平均余额。

固定资产周转率越高，营运能力越强，反之则弱。

5）总资产周转率

总资产周转率＝销售收入/资产平均总额。

总资产周转率越高，营运能力越强，反之则弱。

3. 盈利能力指标

盈利能力是企业赚取利润的能力，反映企业的经营成果。用于评价企业盈利能力的财务指标主要有资产净利率、资产利润率、资产息税前利润率、所有者权益报酬率、销售毛利率、销售净利率、成本费用净利率、每股利润、每股净资产、市盈率等。

1）资产净利率

资产净利率＝净利润/资产平均总额。

资产净利率越高，盈利能力越强，反之则弱。

2）资产利润率

资产利润率＝利润总额/资产平均总额。

资产利润率越高，盈利能力越强，反之则弱。

3）资产息税前利润率

资产息税前利润率＝息税前利润/资产平均总额。

资产息税前利润率越高，盈利能力越强，反之则弱。

4）所有者权益报酬率

所有者权益报酬率＝净利润/所有者权益平均总额。

所有者权益报酬率越高，盈利能力越强，反之则弱。

5）销售毛利率

销售毛利率＝销售毛利/营业收入净额。

销售毛利率越高，盈利能力越强，反之则弱。

6）销售净利率

销售净利率＝净利润/营业收入净额。

销售净利率越高，盈利能力越强，反之则弱。

7）成本费用净利率

成本费用净利率＝净利润/成本费用总额。

成本费用净利率越高，盈利能力越强，反之则弱。

8）每股利润

每股利润＝（净利润－优先股股利）/发行在外的普通股平均股数。

每股利润越高，盈利能力越强，反之则弱。

9）每股净资产

每股净资产＝股东权益总额/发行在外的普通股股数。

每股净资产越高，盈利能力越强，反之则弱。

10）市盈率

市盈率＝每股股价/每股利润。

市盈率越高，盈利能力越强，反之则弱。

4. 发展能力指标

发展能力是企业成长的能力，反映企业的发展潜力。评价企业发展能力的指标主要有营业收入增长率、总资产增长率、营业利润增长率、股权资本增长率等。

1）营业收入增长率

营业收入增长率＝本年营业收入增长额/上年营业收入总额。

营业收入增长率越高，发展能力越强，反之则弱。

2）总资产增长率

总资产增长率＝本年总资产增长额/年初资产总额。

总资产增长率越高，发展能力越强，反之则弱。

3）营业利润增长率

营业利润增长率＝本年营业利润增长额/上年营业利润总额。

营业利润增长率越高，发展能力越强，反之则弱。

4）股权资本增长率

股权资本增长率＝本年所有者权益增长额/年初所有者权益总额。

股权资本增长率越高，发展能力越强，反之则弱。

5. 投资决策指标

投资决策是企业运用持有的现金，在风险和报酬之间找到最佳的平衡点。用于投资决策的指标主要有现金流量、净现值、内含报酬率、获利指数、投资回收期、平均报酬率等。

1）现金流量

根据现金流向，将投资活动中的现金流量分为现金流入量、现金流出量、净现金流量，当净现金流量为正值，即现金流入量大于现金流出量，该投资方案才具有财务上的可行性。

2）净现值

将投资项目的净现金流量按照最低报酬率折现，并减去初始投资额之差即为净现值。其计算公式为：净现值 = 未来现金流量的总现值 - 初始投资额。

在只有一个备选投资方案时，净现值大于 0 时该投资方案才具有财务上的可行性。在多个互斥备选投资方案中，选择净现值最大的投资方案。

3）内含报酬率

内含报酬率反映了投资方案的真实报酬率，是未来现金流量的总现值与初始投资额相等时与之相对应的贴现率，在对备选投资方案进行评价时较为客观。

内含报酬率的计算通常需要逐步测试，特别是企业每年的净现金流量不同时。在只有一个备选投资方案时，内含报酬率大于或等于企业资本成本率或最低报酬率时，该投资方案具有财务上的可行性。在多个互斥备选投资方案中，选择内含报酬率超过企业资本成本率或最低报酬率最多的投资方案。

4）获利指数

获利指数是企业投资方案未来报酬的总现值与初始投资额现值的比率。投资一次完成，则计算公式为：获利指数 = 未来现金流量的总现值/初始投资额。

投资多期完成，则计算公式为：获利指数 = 未来现金流入的总现值/现金流出的总现值。

在只有一个备选投资方案时，获利指数大于或等于 1 时，该投资方案具有财务上的可行性。在多个互斥备选投资方案中，选择获利指数大于 1 最多的投资方案。

5）投资回收期

投资回收期表示投资回收的年限。可分为静态投资回收期和动态投资回收期。投资一次完成，每年的净现金流量相等时，计算公式为：投资回收期 = 初始投资额/每年净现金流量。投资多期完成，每年的净现金流量各不相等时，投资回收期根据每年年末尚未收回的投资额进行计算。

投资回收期越短，表示投资方案越有利，反之，则表示企业需要花费更长的时间收回投资额。

6）平均报酬率

平均报酬率表示投资方案寿命周期内平均的年投资报酬率。计算公式为：平均报酬率 = 平均现金流量/初始投资额。

在只有一个备选投资方案时，当平均报酬率大于企业事先确定的必要平均报酬率时，该投资方案具有财务上的可行性。在多个互斥备选投资方案中，选择平均报酬率最大的投资方案。

四、财务风险的防控

财务风险是客观存在的，加强财务风险防控就是要把财务风险控制在合理的、可接受的范围之内。可以采用以下措施防范财务风险：

(1) 加强对筹资的管理，准确预测投资额，合理确定资产负债结构，选择满足数量、期限要求，同时资金成本与财务风险相对较小的最佳筹资方案。

(2) 规范现金管理，对现金流入和流出分别记账，并提前预测现金流入和规划现金支出，尽量节约开支、延缓资金支付、提前收取资金，尽量匹配现金流入流出，当预测资金不足时提前采取融资措施。

(3) 不断优化创业项目的经营，促进项目的良性发展，提高项目的获利能力。

(4) 加强对应收账款的管理，谨慎选择赊销政策，制定合理的信用政策，做好客户信用档案管理，及时进行应收账款账龄分析、追踪并催收账款，确保资金及时回笼。

(5) 建立财务风险预警机制。成立风险管理部门，设置专职的财务风险预警岗位，负责收集本企业、所在行业、全社会与财务风险相关的信息，并分析、对比设定的可接受风险指标，及时发现偏差，发出预警信息，采取处置措施。

思考题

(1) 试论述大学生创业融资的主要方式。

(2) 大学生在创业过程中如何控制财务风险？

(3) 大学生创业融资应如何确保自己对企业的控制权？

第七章

创业者与创业团队

本章重点

（1）创业者应具备的四种素质；

（2）创业团队的建立流程与要点；

（3）创业团队的管理与建设。

人是创业活动的主体，任何创业活动离开人的参与都不能成立。一个创业者究竟应该具备何种素质与能力，才能在创业过程中一直保持旺盛的斗志、坚定的信念、持久的行动和稳定的心理状态；一个创业团队应该如何实现其团队内部资源、优势的充分整合获得效能最大化，最终达成创业成功，这就是本章我们需要讨论的问题。

第一节 创业者

精选案例1 “不务正业”的黄恺

风靡全国的桌游“三国杀”的创始人黄恺是一位标准的大学生创业者。当年黄恺就读于中国传媒大学动画学案设计专业，天性好动的他“不务正业”，模仿外国桌游设计出具有中国特色、符合国人娱乐风格的桌游“三国杀”在淘宝上售卖，没想到大获成功。毕业后的黄恺注册公司，并逐步将“三国杀”植入网游平台，进行线上线下的销售，仅2016年就出售200多万套，给黄恺直接创利几千万元。

一、创业者

“创业者”从字面上看指的是开创性展开事业的一类人，他们的显著特征就是拥有开创性的思维与行为模式，能快速发现现实生活中的机会，并充分利用内、外部资源优势，创立新的经济增长点，推动社会的进步和发展。

创业者(Entrepreneur)一词最早由法国经济学家坎蒂隆(Richard Cantillion)于1755年引入经济学范畴，历经300余年的发展与变革，已成为具备特殊素质、能开创性完成某一领域的工作的人群的代名词。创业者是一种主导劳动方式的领导人，是一种具有使命、荣誉、责任感的人，是一种组织运用服务、技术、器物作业的人，是一种能够思考、推理、判断的人，是一种能使人追随并在追随的过程中获得利益的人，是一种具有完全行为能力的人。本书将创业者定义概括为：具备创业动机，且利用独特的创业技能和素质，开创性组织、管理企业以获取盈利并承担风险的主导劳动方式的领导人。

二、创业者素质

(一) 创业者素质含义

"素质"的本意是指生命有机体天生所具有的生理特性，从这个定义可以侧面看出，素质的基础是人的生理和心理活动，是以其自然属性为基本前提的。不同的个体，因其在生理、心理等领域的发展水平不同，会产生个体差异。但由于个体也具备学习、改变、强化、提升的能力，因此可以将素质理解为是一种以先天素质为基础和以后天训练为发展的先天与后天的整合素质。

素质是创业的基础。虽然不同类型的创业者在其创业过程中的经历不尽相同，但通过分析研究发现，仍然一类相同或相似的因素，在其创业成功的背后扮演着重要的角色，这就是创业素质。创业素质即是在人先天素质和后天训练共同作用的基础上形成的具有相对稳定性，且在创业实践活动中表现出来的益于创业成功的人格品质和能力要素。

(二) 创业者素质分类

创业是一项具有挑战性的活动，需要较强的创业素质。创业素质是品质和能力的综合体现，是若干元素组成的优势集合，正是这些元素共同构成了一个人的创业素质。

国内外知名学者从不同角度就创业素质的构成要素提出了各自观点。著名管理专家威廉・拜格雷夫(William D. Bygrave)将优秀的创业管理人素质归纳为10个以"D"字母为首的要素，它们分别为：理想(Dream)、果断(Decisiveness)、实干(Doers)、决心(Determination)、奉献(Dedication)、热爱(Devotion)、周详(Details)、命运(Destiny)、金钱(Dollar)、分享(Distribute)。国内学者原武汉大学校长刘道玉认为创业素质分为个性素质、智力素质、文化素质、心理素质、身体素质5种素质。其他学者将创业素质分为个性、心理、文化、智力、身体、能力等不同素质。这些理论虽然有差异，但都充分印证了一个事实：创业素质是多个要素构成的系统集合，各要素之间相互依存、相互作用、互为补充、互利发展，共同在创业实践中发挥着重要作用。

本书将大学生创业素质概括为四个方面，即：主动的创业意识、良好的创业品质、健康的创业心理、扎实的创业能力。其中，创业意识与创业品质是基础，它有助于大学生树立合理的创业目标，以主动的意识、创新的精神、良好的道德品质和高度的社会责任感参与企业的创设与经营。创业心理是保障，是创业者面对困难、问题、挫折时的"定海神针"，确保创业者报保持稳定状态与心理和谐。创业能力是核心，它决定事业的可持续性、有效性和创业结果。上述四个方面构成了一个创业者应具备的创业素质结构。

1. 主动的创业意识

创业意识是指在创业实践活动中对创业者起动力作用的个性意识倾向，包括创业的需要、动机、兴趣、理想、信念和世界观等要素。它不仅支配着创业者的态度和行为，更决定了创业者行动的方向、力度，具有较强的选择性和能动性，是人们从事创业活动的强大内驱动力。

创业需要是创业活动的最初诱因和最初动力，当创业需要上升为创业动机时就形成了心理动力，这种心理动力不断促进和推动着创业行为的发生。当行为的结果与阶段目标相统一时候，就进一步提升了创业者的创业兴趣，当创业动机和兴趣积累到一定强度时就形成了创业理想，继而形成创业信念，成为创业者从事创业活动的精神支柱。创业世界观是创业意识的最高层次，是随着创业活动的发展以及创业者的思想和心理境界不断升华而形成的产物，它使创业者的个性发展方向、社会义务感、社会责任感、社会使命感有机地融合在一起，让他们把创业目标视为人生的奋斗目标。

大学生的创业活动是由多种因素共同作用而引发的，但总结起来不外乎个人内在需求和外界环境影响两方面。结合马斯洛需求层次理论来看，大学生创业的内在需求有两类：一类是经济需要，即为了满足个体对经济利益的追求；另一类是社会需求，即为了赢得社会认可、社会地位和获得感、成就感而进行创业活动。其中，第一类是最原始的动机与目标，第二类是已经具备一定程度的经济基础后的持续性价值追求，这也是人类需求从物质层面向精神层面发展的必由之路。

精选案例 2　尤努斯的“异想天开”

1971 年孟加拉国脱离巴基斯坦独立之后，尤努斯回到孟加拉国参与祖国重建。当时他在大学教授经济学并目睹了饥荒和人们的绝望，决定以自己的力量帮助村民改变现状。尤努斯成立了格莱琨私人银行，专做小额信贷。他采取自己当担保人，从大银行贷款，再借给穷人的方法，帮他们想办法创业偿还贷款。

为了让大家相信每个人都是创业家，尤努斯设立了一项特别计划，该计划只针对乞丐。他对同事说：“我们借钱给乞丐吧。”这种贷款总额在 10～15 美元之间。他们告诉这些乞丐，让他们挨家挨户乞讨的时候，随身携带些小商品，譬如点心、糖果、玩具等，以此来换些收入，将近 10 万名乞丐加入了该计划，其中 10%的乞丐转变为了自力营生的小贩。尤努斯还贷款给女性客户，让她们购买手机后带着走村串巷，当有人向她们借用电话时，她们可以收取一定费用，在别人的嘲笑声中，今天的孟加拉国共有 30 多万名“电话女郎”销售电话服务，“格莱琨通讯公司”(GremeenPhone)成为全国最大的移动的纳税人。

2. 良好的创业品质

1）诚信与责任

诚实守信是一个人修身、立德、处事的根本，更是一所企业能保持可持续发展的必然要求。

创业者在创业活动中，要遵循“合法经营，依法办事”的原则，自觉接受法律规范、职业道德和社会公德的约束，将文明经商、诚实经营落实到创业实践中。言必信，行必果，才能在员工中树立威信，在客户中树立口碑，在行业中树立品牌，在经营中树立规范。

同时，创业者作为创业活动的核心，不仅应具有经营责任感，也应具有社会责任感。经营责任需要创业者对企业运作、员工发展和客户利益负责，使创业活动稳定推进，实现盈利；社会责任则要求创业者遵守公序良俗，以“取之社会，回报社会”的态度，在企业文化的发展中实现内涵的构建与提升，主动融入文明社会的建设过程中。

2）坚韧与务实

创业是一个需要长期坚持的过程，立竿见影、迅速见效的事基本不可能发生。因此，创业者应有百折不挠、坚持不懈的毅力和意志，在确定创业目标后，朝着既定的目标一步步走下去，纵有千难万险，也不轻易放弃。须知，挫折与磨难是创业者的必修课，成功的背后必定包含着许多失败，只有从失败中不断吸取教训、累积经验、获得力量，才能避免问题再次发生。

“不积跬步，无以至千里，不积小流，无以成江海”，从勤奋务实的完成一件件小事做起的。创业者最忌“三分钟热度”和“差不多就行”，只有把小事做实、做细、做到位，才能积聚力量，厚积而薄发。

3）理智与果敢

在市场经济大潮中，机会与风险并行、坎坷与诱惑共存。面对风险，保持理智的心态能使人们遇事沉着冷静，克服私利欲望，正确判断经济与政策形势，研判市场发展走向，预估风险，在科学分析主客观条件的基础上进行企业发展的决策，而不是盲目冲动、任意妄为、凭感觉冒进。创业者一旦做出行动决定，便要咬定目标，坚定信念，以自信、果断的状态，寻找切入点并付诸相应的行动，以强有力的行动保障创业活动的持续推进。

4）自我反省

创业是一个不断摸索、不断试错、不断修正的过程，在问题发生时，自我反省是创业者认识错误、改正错误、积累经验的必由之路。反省的过程，即是学习的过程，没有自我反省意识的人，会永远在同样的地方摔跤，永远因为同一个问题犯错，原地踏步，难以提升；具备自我反省品质的人，在找问题中看到不足，在纠错中获得经验，在改变中历练能力，不断学习，不断提升。

3. 健康的创业心理

1）健全的人格与稳定的情绪

创业是一项具有挑战性的工作，拥有健全的人格、稳定的情绪和较强的自控能力对提升创业者的工作绩效具有显著的影响。人格健全者有正确的世界观、人生观与价值观，面对生活与工作乐观向上、积极热情，能做出正确合理的判断与及时有效的调整。在情绪方面，一个人若很容易被焦虑、不安、愤怒等不良情绪影响，则难以承受创业过程中的各种挑战与挫折，相反，在出现问题时，若能以高情绪稳定性积极有效应对各类问题，以变应变，冷静分析，快速进行自我调节并积极地解决困难、消除压力，则能够提升创业的适应性和成功率。

大学生因成长经历、社会阅历有限，很容易出现且较难控制较为强烈的情绪变化，逐步提升个人的心理稳定性显得尤为重要。

2）强烈的成功欲望与抱负水平

古希腊哲学家苏格拉底曾经说过：要成功，你必须先有强烈的成功欲望，就像你有强烈的求生欲望一样。一个成功的创业者通常都拥有强烈的成功欲望以及较高的抱负。

欲望是创业的最大推动力，创业者只有具备强烈的创业欲望，才有动力去行动并坚持下去。强烈的创业欲望在很大程度上能直接激发潜能，帮助创业者保持巨大的热情，它是推动个体或群体从事创业实践活动的内部动因，是使主体处于积极心理状态的一种内驱力，具有较强的选择性、倾向性和主观能动性。

抱负指人对自己的工作做到何种标准的心理需求。从社会角度来说有价值、有意义的人生都受着目的的支配，都在有意无意地追求一种目标。有强烈成功欲、较高抱负的人，才能排除万难，坚持到底，永不放弃，直到成功。

3）良好的自我效能感与内在控制源

自我效能感指人们对自己能否成功地进行某一活动的主观判断，它使个体在进行创业活动时，具有坚定的自信心，并能够结合已有经验，动员一切积极因素全力完成既定工作目标，因此，自我效能感不仅决定了创业者在遇到困难时所持有的态度和情绪表现，还间接影响着创业个体后续的行为实践，对敢不敢、能不能创业起着重要作用。

心理控制源作为影响人心理与行为的重要变量，近年来也被很多学者所关注。它是20世纪50年代初由美国心理学家朱利安·罗特(Julian Bernard Rotter)提出的，指的是人们对行为或事件结局的一般性看法，包含外控和内控两类。外控者相信事件结果是由命运、运气、机遇或有强大势力的他人掌控，因此容易消极被动、听天由命。内控者认为事件结果是由自己的能力、努力等个人因素决定，因此更加乐观仔细，做事更加积极主动。对于创业这样一项极具挑战性的活动，后者往往被认为更适合。

大学生在创业过程中，良好的自我效能感和内在控制源能够最大程度地发挥个体主观能动性和积极性，使创业者能够有效扮演创业角色，并承担与之相应的责任与义务，形成较好的人力配比。

4）适度的风险承担倾向和洞察力

创业即意味着风险，承担风险是创业者必备的重要素质之一。面对机遇与风险共存的创业环境，风险承担倾向往往在创业者面临抉择的时刻甚至在整个创业活动中始终起到关键作用。大学生在选择创业的过程中，常常会在做不做、敢不敢、值不值中反复“纠结”，其根本原因就是没有完全建立对风险的心理预期与承担倾向，对创业过程中的风险还没有完全做好心理准备。当然，风险承担倾向并不是越高越好，最好保持在中间水平，适度即最佳。创业者需要敢于承担风险，在风险面前不退缩；但是，若这种倾向过高，可能会转化成一种鲁莽，明知不可为而为之，将注定失败。因此，创业者所需要的风险承担倾向应该适度。

同时，我们还要看到，创业过程中环境的快速变化、风险的发生、事件发展的模糊性与不确定性都是难以避免的，一个成功的创业者还应具备一定的风险洞察力和对不确定性的容忍，在创业活动中细致、全面地进行预估、梳理、细化，对可能造成重大风险的关键点做出及时调整，尽可能将风险应对成本降到最低点。

精选案例3　走向英卓未来的阵痛

任何创业过程都不可能一帆风顺，即使你出身名校或拥有足够的创意，也仍然不能避免创业旅程中的失败和阵痛。卑立新从胸怀大志到一夕落败，再到重组队伍再次出发，他的酒店经营之旅无处不充斥着压力与耐力对抗、新理念与新变化的交织。克服心理困境，走出逆境人生，你，一样可以。（完整案例，请扫二维码阅读。）

4. 扎实的创业能力

能力是创业者的核心素质，它具有综合性、创造性、实践性等特点。

1）知识与学习能力

在科学技术发展日新月异、社会生产方式不断变革的今天，知识的累积对创业活动起着举足轻重的作用。创业者所具备的知识不仅应有专业性，更要有能应对风险与挑战的广博性。综合看来，创业者应该具备以下几个方面的知识：

（1）专业知识。创业者的专业知识对于达成创业目标具有基础性作用，只有具备深厚的专业知识，才能客观正确地分析项目的可行性，把握创业活动的全过程，提出合理可行的运营思路，实现创业目标。大学生创业者在构架创业目标及制定创业计划书的过程中，要结合自身专业或擅长领域合理地设计创业项目。

（2）管理知识。管理知识是创业活动有效运行的基础。现代企业管理已经不能沿用凭经验、凭直觉办事的老方式了，只有用更新、更专业、更科学的运作模式来进行指导，才能实现对企业、团队、个体员工的科学管理，从而触发高效产能。大学生要重视管理知识的学习与应用，不断提升自己的管理思维和管理能力，使之成为个人创业活动的依托与助力。

（3）财务及金融相关知识。财务与金融知识是关于如何合理合法地获得资金、运作企业、获得利润的经济学知识，如：存款贷款、会计管理、金融审计、市场营销等。虽然医学及近医专业学生对此类知识的涉猎不多，但创业者也应主动将其纳入自身的学习范畴，以便对创业活动进行更为有效的组织。

（4）法律知识。没有规矩，不成方圆，创业企业从事经营活动必须遵守国家的法律法规。从兴办注册到行销贸易、从财务管理到税务申报、从雇佣合作到产权物权，懂得法律知识、掌握与创业相关的法律法规，是新时代的创业者必备的能力。只有在规范中创业、守业，才能保证企业的生机活力，任何与法律法规背道而驰的行为都是不能长久的。

当然，在竞争日益激烈的现代社会，仅仅具备单一的创业基础知识与基本技能是无法成功创业的，学习能力作为当今社会较为认可的一种优秀素质，能快速帮助创业者掌握创业所需要的多方面的知识，并借鉴他人的经验与模式，不断提升自身的管理效能与管理水平。大学生创业者在求学期间应该有意识地锻炼学习能力，提高学习的主动性和自觉性，除了创业知识，还应涉猎历史、文化、社会生活、艺术、社交礼仪等方面的知识，提升个人人文素养，找到一套适合自己的学习方式，使学习变成一种习惯，在实践中向既专又博的方向发展，促进综合能力提升。

2）管理与执行能力

管理的本质就是追求效率，管理者管理能力的高低，对管理效能的提高和组织目标的实现，起着决定性作用。管理能力主要包含以下三种：

（1）能全面而准确地制定效率标准的能力。要提高组织的效率，首先要有具体的效率标准作为衡量的依据。管理者可以把包括量的、质的等许多特征，作为衡量的标准，制定出符合效率原则的标准。

（2）对目前工作水平与标准之间的差距有敏锐洞察能力。管理者应当能够及时了解目前工作的进展，必须敏锐地察觉目前工作水平同效率标准的差距，以便在它发展成危机前进行改进。

（3）纠正偏差的能力。目标和成效之间存在偏差，总是有一定原因的，矫正偏差应该从研究出现这种偏差的原因入手。管理者应仔细考虑各种可能的原因，然后根据已获得的事实，确定哪一个是真正的原因。只有找出造成偏差的原因，才有助于确定适当的矫正行动。

亚马逊网站创始人杰夫·贝索斯(Jeff Bezos)曾说过："创意很容易，难的是执行。"执行力是管理者应具备的基本条件，强有力的执行力不仅体现在目标制定的精准性、具体性和可操作性上，还体现在权责分配、目标实现、效果评估上，体现为以一种持久、坚韧、准确的行为状态落实创业活动的具体环节。

3）领导及决策能力

一个创业项目是否能持续推进，其核心领导者的领导力和决策能力至关重要。美国管理学家哈罗得·孔茨(Harold Koontz)指出：领导是一种影响过程，是影响人们心甘情愿和满怀热情为实现组织目标而努力的艺术或者过程。领导力(Leadership)就是一种影响力，它指的是在管辖的范围内充分地利用人力和客观条件以最小的成本办成所需的事并提高整个团体的办事效率的能力。

根据北京大学汇丰商学院领导力研究中心提出的"360°领导力"模型，优秀领导者应具备以下六项能力：持续成长的学习力、多谋善断的决策力、整合资源的组织力、带队育人的教导力、达成绩效的推行力、凝聚人心的感召力。

决策能力是指领导者或经营管理者对某件事拿主意、做决断、定方向的综合性能力。在企业经营管理、业务拓展、人事战略等领域，决策能力都起着举足轻重的作用。企业管理的决策能力由以下几方面构成：

（1）开放的提炼能力。企业经营管理人才要以开放的态度，准确和迅速地提炼出解决问题的各种方案。这要求企业管理者不仅要有开放、包容的思想与态度，愿意积极采纳多种决策建议，还要具备把握核心、归纳总结、分析评估的能力，在团结协作中形成有效的决策意见。

（2）准确的预测能力。预测的目的是为企业的决策提供准确的资料、信息和数据，并在此基础上选择符合企业发展的方案。预测是决策的基础，正确的决策必须要有准确的预测，反之将会导致决策失误。

（3）准确的决断能力。企业经营管理人才要有从众多的决策方案中选出最令人满意的方案的能力，以及危急时刻或紧要关头当机立断的决断能力。这种能力是经营管理者进行科学决策的关键能力，误选、漏选会给企业造成重大损失或使企业与成功失之交臂。

4）创新能力

管理大师彼得·德鲁克则指出："创新的行动就是赋予资源以创造财富的新能力。事实上，创新创造出新资源……凡是能改变已有资源的财富创新潜力的行为，就是创新。"创新就是以现有的思维模式提出有别于常规或常人的思路的见解为导向，利用现有的知识和物质，在特定的环境中，本着理想化需要或为满足社会需求而改进或创造新的事物，并能获得一定有益效果的行为。而企业的创新能力，即企业在市场中将要素资源进行有效的内在变革，从而提高其内在素质、获得更多的与其他企业竞争的差异性的能力。

创新并不拘泥于简单的产品创造或技术变革，它涵盖发展战略创新、产品（或服务）创新、技术创新、组织与制度创新、管理创新、营销创新、文化创新等诸多方面的内容，大学生创业者要拓宽视野，多路径、多渠道研判创新创业模式，以最优、最新的理念与经营模式赢得创业的先机。

5）人际协调与资源整合能力

人际协调能力，即通常所说的社交能力、交往合作能力，它是人与人间相互依存、相互沟通、相互合作以求发展的能力。人际协调能力能帮助经营者充分调动人的积极性，变消极因素为积极因素，有效化解矛盾与复杂境遇。一个优秀的企业经营者，在人际协调能力层面应具备三大技能：有效的人际沟通能力、高超的员工激励能力、良好的人际交往能力。大学生在创业初期需要争取支持、获得帮助，发展期需要建设团队、壮大业务，后期需要维持活力、营造文化，这都离不开人际协调能力，只有妥善处理各类关系、强化联动与合作，才能为创业之路打下和谐的环境基础。

资源整合能力的强弱不仅是衡量创业者能力的主要指标，更直接关乎企业未来的成长发展。整合就是要优化资源配置，以获得整体的最优。资源整合包含战略思维的整合和战术选择两个层面。在战略思维的层面上，资源整合就是要通过组织和协调，把企业内部彼此相关但却相互独立的职能，把企业外部既参与共同的使命又拥有独立经济利益的合作伙伴整合成一个为客户服务的系统，取得"1 + 1＞2"的效果。在战术选择的层面上，资源整合就是根据企业的发展战略和市场需求对有关的资源进行重新配置，以凸显企业的核心竞争力，并寻求资源配置与客户需求的最佳结合点。

精选案例 4　一个大学毕业生的创业

刘鹏飞，一个普通高校毕业生，创业伊始和大多数人一样都在不断地寻找机会，但与众不同的是，在面对机会时他更能付诸实施，更能整合资源，更善于分析研判。"更"不是天赋，而是专注与努力，在对的时候做对的事，这就是一种能力。（完整案例，请扫二维码阅读。）

三、创业者素质的培养

（一）拓宽眼界，厘清目标

很多大学生对创业的认识都来自网络、电视等媒体的宣传，较为片面，缺少对创业的具体内容和具体要求、甚至创业意识的充分认识，因此难以对自己是否要创业下定决心。大学生只有从多个层面深入了解创业、通过各种社会活动感受创业，在实践中开阔眼界，厘清"创不创业""怎么创业"的问题，才能树立明确清晰的发展目标，做出相应的行动。

（二）涵养品质，调整心态

良好的创业品质和心态是创业成功的前提条件之一。一个人的心态和品质是可以在后天的学习生活实践中训练出来的。在涵养品质方面，大学生们应做到：加强自身人文修养，培养高尚的道德情操与广泛的兴趣爱好，养成良好的行为习惯，促进自身成长、成人、成才。在调整心态方面，可以通过课程学习、参与活动、心理训练或阅读创业榜样故事的方式，切身感受身心健康的重要性，初步学习心理调适的方法，并在与人合作、实践锻炼中积累经验，建构属于自己的情商与职商。

（三）历练本领，提升能力

只有经历过实践的锻炼，创业者的创业目标才会更加清晰，创新信念才会更加坚定，创业兴趣才会更加强烈，创业能力才会形成。大学生在校期间，应积极参与各种创业实践项目，如大学生创新创业大赛、大学生科技作品大赛等，在活动中历练本领，不断丰富创业经历、提升创业能力，为后续真正进行个人创业打下良好的基础。

第二节　创业团队构建

精选案例 5　唐太宗李世民

唐太宗李世民，无论文治武功，都堪称"千古一帝"，虽然他家境很好，出身唐国公府，但对手也很强悍，如洛阳王世充、河北窦建德、河西薛仁贵、江南萧梁政权等，均与李唐势均力敌。但李世民带着房玄龄、杜如晦、长孙无忌和秦琼、尉迟恭、程咬金、李靖等天策府谋士，一步步平定了天下，后又因功追封凌烟阁二十四名臣，以示尊崇。后更是南征北战、东征西讨，令四夷臣服，尊其为"天可汗"。其创业之难、创业之大亦不可小觑。

一、团队

团队是由基层和管理层人员组成的一个共同体，每一个成员利用自己所掌握的知识和技能协同工作，解决问题，达到共同的目标。

人是构成团队最核心的力量，2 个（包含 2 个）以上的人就可以构成团队。目标是由人员来具体实现的，所以人员的选择是团队构建中非常重要的一个部分。团队中的成员需要有各自的分工，在一个团队中可能需要有人出主意，有人定计划，有人实施，有人协调不同的人一起去工作，还有人去监督团队工作的进展、评价团队最终的贡献。在人员选择方面要考虑人员的能力如何，经验如何，技能是否互补。

团队构成的类型

团队中的人际关系包括工作关系中的上下级关系和处于相同地位的团队成员间的同事关系，每一个成员都最起码处于这两种关系之中。

技能互补型团队是指在团队中每个成员的技能、智能和经验融合在一起，互相取长补短的团队。

良好人际关系型团队气氛良好，成员参与度高，每一团队成员都能在共同目标的驱使下，在相互依赖、相互信任和相互协调的基础上开展工作的团队。

良好人格物质型团队指团队各类人员的组合比率合理的团队。

俱乐部型团队是指目标任务相对单一固定，主要是基于共同的兴趣爱好而组成的团队。这样的团队一般联系紧密，由于以成员的共同爱好为联系纽带，成员参与度极高，团体战斗力极强。

二、创业团队构建

创业团队是指在创业初期（包括企业成立前和企业成立早期），由一群才能互补（分工）、责任共担、愿为共同的创业目标而奋斗，并能做到利益分享的人所组成的特殊群体。

（一）创业团队的人员构成

创业团队的人员主要由团队领导人、核心团队成员及普通团队成员构成。

1. 团队领导人

团队领导人是创业项目的领导核心，负责团队的构建、成员分工；负责创业项目计划的编制，获取创业项目所需要的资源；建立创业项目的质量标准，保持团队成员的技术熟练度及生产力，保证项目在进度、预算及质量范围内顺利完成；在项目开展过程中遇到困难时，能科学研究分析，做出关键决策。团队领导人应当与创业团队紧密合作，确保执行创业项目所需要的资源能够及时到位。

2. 核心团队成员

核心团队成员负责执行创业项目的各项关键活动、协助团队领导人的工作并在预算及进度等约束条件下完成创业项目。核心团队成员主要负责创业项目的关键活动，他们具有的能力可以满足创业项目的广泛需求。核心成员应一方面要与团队领导人形成紧密的支撑，反馈信息，为决策提供依据；另一方面应该在所负责的方面能够独当一面，解决问题，推进完成工作任务。

3. 普通团队成员

在创业团队中，承担非核心业务的成员就是普通团队成员。有些成员参与创业项目的时间可能很短，他们掌握的技术只是在特定的时间内需要，他们根据需要灵活地参与创业项目，完成具体的工作内容。

4. 个人性格在团队中角色的体现

下面我们用最基础的四分法对人的性格类型进行介绍。四分法即把人的性格分为四种代表类型,分别是:和平型、活泼型、完美型、力量型。四种典型性格没有优劣之分,各有所长,亦有不足。

1)和平型

性格特点:相对内向,善于倾听耐心,做事认真有韧性;能够长期坚持完成好单一、规律性工作;冷静,易于相处,协调能力突出,善于化解矛盾冲突。

需要完善的方面:加强进取心,增加主动性;不易兴奋时尽力获得热情、尽力尝试新鲜的事物;不要得过且过,今日事今日做;学会激发自己、学会说出感受、做事要有主见。

2)活泼型

性格特点:外向多言,乐观幽默的气质;自信,富有创造力、思维新颖;热情待人,会热切地表达自己的想法,容易吸引人的注意。

需要完善的方面:言多必失,管住自己的嘴巴;谨慎乐观,客观评价自己和环境;控制自我表现人欲望,多留意别人。

3)完美型

性格特点:内向,善于思考,善于辨析;做事细致认真,注重细节,难以接受瑕疵,追求卓越;严肃认真,目标坚定,执着追求,做事条理性强。

需要完善的方面:增加灵活性和宽容度,别自找烦恼;发现抑郁时,应积极乐观改善心态;自信,加强沟通和表达,避免自惭形秽。

4)力量型

性格特点:强调控制与决策,有着坚定的控制力;有决断力,愿意去把握每一个机会;目标主导,坚决,组织能力、执行能力强。

需要完善方面:学会放松,减低对别人的压力;停止支配他人,学会保留观点;学会道歉,承认有某些缺点。

(二)创业团队的商业机制

1. 组建模式

组建创业团队是指将具有不同需要、背景和专业的个人,聚集成一个整体、有效的工作单元的过程。一般而言,创业团队可采用的团队组建形式主要有公司制、合伙制两种,两种形式各有其特点。

1)公司制

公司制即设立有限责任公司或股份有限公司,运用公司的运作机制及形式进行创业。采用公司制的优势主要体现在以下几个方面:一是能有效集中资金进行企业活动;二是以自有资本进行企业运作活动时有利于控制风险;三是对于收益公司可以根据自身发展,做必要扣除和提留后再进行分配;四是随着公司的快速发展,可以申请改制上市,组建初期的投资者的股份可以公开转让,以套现资金用于循环发展。

2)合伙制

合伙制是指依法在中国境内设立的由各合伙人订立合伙协议,共同出资、合伙经营、共享收益、共担风险,并对合伙企业债务承担无限连带责任的盈利性的经营组织。创业团队采取合伙制,有利于将创业中的激励机制与约束机制有机结合起来。合伙人执行合伙企业事务，有全体合伙人共同执行合伙企业事务、委托一名或数名合伙人执行合伙企业事务两种形式。全体合伙人共同执行合伙企业事务是指按照合伙协议的约定，各个合伙人都直接参与经营，处理合伙企业的事务，对外代表合伙企业。委托一名或数名合伙人执行合伙企业事务是指由合伙协议约定或全体合伙人决定一名或数名合伙人执行企业事务。

2. 组建流程及要点

创业团队组建流程及要点如下：

(1) 制定战略目标与重点，明确自己事业的方向与工作重点。

(2) 创业者自我评估。主要指创业者就各项能力、素质以及现有的资源进行自我测评，明确自己的优势与劣势，为后期寻找"相似性"或者"互补性"的团队成员（创业合作者）、寻找补充性的资源，提供重要参考依据。

(3) 选择创业合作者。选择创业合作者，要注重两个核心问题：一是注重互补性能力组合。在挑选团队成员时，要努力保证所找的对象有助于形成互补性的能力组合。值得注意的是，不仅要寻找那些目前拥有未来团队所需要技能的人员，也要寻找那些具备技能开发潜质的人员。通常的技能组合包括解决问题的能力与决策能力、人际关系能力、专业技能、团队技能等。二是人员规模。创业团队的规模一般在初期不宜过大，便于股权的分配、内部统一集中管理、达成一致意见以及高效率的发挥，当然，具体应该根据战略目标与重点而定。

(4) 确定组织架构、职责与权利。初期团队内部的组织架构要简单、高效、便于沟通交流与操作执行即可。同时，明确各自的职责与权利，具体包括组织所赋予的职责与权力范围，以及团队成员的授权范围。在此过程中应注意：职责的安排无须一成不变。可以在某一时间进行职责轮换，也可以指定几名成员在整个创业过程中共同承担某些职责。这也是高效创业团队的具体体现。

(5) 制定组织目标与章程。制定组织目标（尤其是初期现实可行的目标）与章程的主要目的是为了统一创业团队的努力方向、价值取向以及行为规范，使得创业团队方向达成一致、文化达成一致、行为达成一致，确保创业发展不偏离轨道。章程的具体内容主要包括：使命与目标、团队文化、决策原则、团队行动纲领、职责与分工、绩效考核方法、与利益相关者的沟通及关系处理、团队成功的度量标准。

三、创业团队的解散

1. 转让股权

股东的股权既可以向公司其他股东转让，也可以向股东以外的人转让。股东之间相互转让股权，只需签订股权转让协议并进行交割即可，无须征得任何人的同意。当然，同为公司股东的转让双方，应当尽可能先就转让意向与其他股东充分沟通，以免公司股权结构变化，使得公司原有的平衡被打破，引发新的股东矛盾。向股东以外的人转让股权，应当经过半数的其他股东同意，而且其他股东在同等条件下有优先购买权。

2. 公司回购股权

公司法规定，公司成立后，股东不得抽逃出资。这就是所谓的资本维持原则，因此，股东不能随意要求公司回购股权。但公司法规定，有下列情形之一的，对股东会该项决议投反对票的股东可以请求公司按照合理的价格收购其股权：一是公司连续五年不向股东分配利润，而公司该五年连续盈利，并且符合该法规定的分配利润条件的；二是公司合并、分立、转让主要财产的；三是公司章程规定的营业期限届满或者章程规定的其他解散事由出现，股东会会议通过决议修改章程使公司存续的。股东提出回购要求后，如果股东与公司不能自股东会会议决议通过之日起六十日内达成股权收购协议，股东可以自股东会会议决议通过之日起九十日内向人民法院提起诉讼。此外，股东也可以与其他股东充分协商，推动通过减少注册资本的决议，由公司回购其股权。

3. 解散公司

退出创业团队的最后保障方式就是请求解散公司。在公司经营管理发生严重困难时，股东可能难以做到转让股权，因为没有其他股东或者股东以外的其他人愿意受让其股权，如果股东也无法促使其他股东同意减资，此时，股东可以请求解散公司以实现退出目的。公司法规定，公司经营管理发生严重困难，继续存续会使股东利益受到重大损失，通过其他途径不能解决时，持有公司全部股东表决权百分之十以上的股东，可以请求人民法院解散公司。

第三节　创业团队管理

一、制度管理

管理制度是关于管理机制、管理原则、管理方法以及管理机构设置的规范。它是实施一定的管理行为的依据，是管理组织、机构、单位的依据，是社会再生产过程顺利进行的保证。合理的管理制度可以简化管理过程，提高管理效率。制度管理是确保团队协作，解决问题的基础。

创业团队的制度体系主要包括团队的各种约束制度和各种激励制度，体现了创业团队对成员的控制和激励能力。一方面，创业团队通过各种约束制度（主要包括纪律条例、组织条例、财务条例、保密条例等）避免其成员做出不利于团队发展的行为，实现对其行为进行有效的约束，保证团队的稳定秩序。另一方面，要实现创业团队的高效运作就需要有效地激励机制（主要包括利益分配方案、奖惩制度、考核标准、激励措施等），能使团队成员看到随着创业目标的实现，其自身将会得到怎样的利益，从而达到充分调动成员的积极性、最大限度发挥团队成员作用的目的。要实现有效的激励就必须首先把成员的收益模式界定清楚，尤其是股权、奖惩等与团队成员利益密切相关的事宜。需要注意的是，创业团队的制度体系应以规范化的书面形式确定下来。

二、领导力建设

随着市场竞争的日趋激烈，团队领导的作用显得越来越重要，也越来越被大家所关注。创业团队领导者的领导力一般包括以下几个方面。

（1）鲜明的人格魅力。团队就像一个大家庭，团队领导人的品格直接关系到团队的命运。一个具有人格魅力的团队领导人能带领出很多具有人格魅力的团队成员。

(2) 造梦的能力。团队的领导人应该既是梦想的实践者,又是梦想的缔造者。他们用梦想去打造团队,用梦想激发团队,团队才能梦想成真,个人才能梦想成真。

(3) 凝聚的能力。团队的气氛就是靠团队领导人的凝聚力打造出来的。一个具有凝聚力的团队领导人,往往能把不同年龄、不同性别、甚至不同肤色、不同种族的人聚集在一起,使团队成员为了共同的使命,从事这项事业,依靠团队获得成功。

(4) 激励的能力。只要是由人组合成的团队,就一定会有意志消沉和遇到困难和挫折的时候。在这种情况下,团队的领导人理应承担起激励团队士气,帮助团队成员渡过难关的责任。

(5) 协调的能力。团队领导人的协调能力就像一根弹簧,要该松的时候松,该紧的时候紧,松紧适度才能使团队产生张力。

(6) 学习的能力。知识决定品质,优秀的团队领导人一定要使自己成为团队中学习能力最强、接受能力最强、知识渊博的人,随时为团队成员答疑解惑。

三、文化建设

当团队创业成功后,需要不断总结发展的过往,凝练自有特色,同时结合时代发展脉搏,形成自己的文化价值。

企业文化是在一定的条件下,企业生产经营和管理活动中所创造的具有该企业特色的精神财富和物质形态。它包括企业愿景、文化观念、价值观念、企业精神、道德规范、行为准则、历史传统、企业制度、文化环境、企业产品等。其中价值观是企业文化的核心。

企业文化是企业的灵魂,是推动企业发展的不竭动力。它包含着非常丰富的内容,其核心是企业的精神和价值观。这里的价值观不是泛指企业管理中的各种文化现象,而是企业或企业中的员工在从事经营活动中所秉持的价值观念。

美国学者特伦斯·E·迪尔(Terrence E. Deal)、艾伦·A·肯尼迪(Allan A. Kennedy)把企业文化概括为5个要素,即企业环境、价值观、英雄人物、文化仪式和文化网络。

(一) 企业环境

企业环境是指企业的性质、企业的经营方向、外部环境、企业的社会形象、与外界的联系等方面。它往往决定企业的行为。

(二) 价值观

价值观是指企业内成员对某个事件或某种行为好与坏、善与恶、正确与错误、是否值得仿效的一致认识。价值观是企业文化的核心,统一的价值观使企业内成员在判断自己行为时具有统一的标准,并以此来决定自己的行为。

(三) 英雄人物

英雄人物是指企业文化的核心人物或企业文化的人格化,其作用在于作为一种活的样板,给企业中其他员工提供可供学习的榜样,对企业文化的形成和强化起着极为重要的作用。

（四）文化仪式

文化仪式是指企业内的各种表彰、奖励活动、聚会以及文娱活动等，它可以把企业中发生的某些事情戏剧化和形象化，来生动地宣传和体现企业的价值观，使人们通过这些生动活泼的活动来领会企业文化的内涵，使企业文化“寓教于乐”之中。

（五）文化网络

文化网络是指非正式的信息传递渠道，主要是传播文化信息。它是由某种非正式的组织和人群所组成，它所传递出的信息往往能反映出职工的愿望和心态。企业文化与民族、国家紧密相连，良好的企业文化这个小我和家国情怀的大我应当是统一的，企业的价值追求最终应当是社会公益价值的体现。企业文化是一个国家的微观组织文化，它是这个国家民族文化的组成部分，这是创业者光荣的责任和使命。

四、团队沟通与激励

（一）创业团队沟通

团队沟通，即为工作小组内部发生的所有形式的沟通，是随着团队这一组织结构的诞生而生的，是一项长期性的工作。为确保团队成员之间能够及时沟通，应注意掌握以下技巧：

1. 积极倾听

在团队沟通中，要首先听目标、目的和利害关系，职场的本质关系是利益关系，要找对倾听的重点；其次，在上下沟通中，特别是下属在听领导布置工作时，重在领会关键点，化繁为简，找到组织最关注的焦点；最后，在多人的讨论、会议或博弈中，要听平衡点，提炼出相互妥协的“最大公约数”，找到建设性的方向。

以下是8个积极倾听的技能：

(1) 与对方用目光交流，真正用心听，就要看着对方，沟通是在内心深处进行的；

(2) 恰当的反应、赞许性的点头、恰当的面部表情与积极的目光接触相配合，会向说话人表明你在认真倾听；

(3) 避免分心的手势和姿态，在倾听时不要有下列举动：看表，将手抱在头后，心不在焉地翻阅文件，拿着笔乱写乱画或身体背对着对方等；

(4) 适当的提问，如：问题必须切中实质，态度要礼貌和谦逊，尽可能多提开放性问题；

(5) 可简要复述即概括性地说出主要内容，如抓住关键词复述、列提纲复述、创造性复述等；

(6) 不打断说话者，暂时不要发表评论，待对方说完，再礼貌地说出你的看法；

(7) 耐心才是正确的态度，注意力要集中在对方的话上，同时努力理解别人话中的情感；

(8) 使听者与说者的角色顺利转换，倾听一定是一种了解别人的方式，也是高度自我觉察的角色化。

2. 表现出兴趣及信任

团队沟通的另外一个技巧，就是真心对别人表现出兴趣及信任。团队管理者只要真心对员工感兴趣，并给予足够的信任，他的管理活动就能取得出人意料的成绩。在多数情况下，团队合作并非一蹴而就，而需要持续不断地付出努力。团队内的沟通可以先以兴趣为切入点，鼓舞和推动员工工作，调动员工的积极性；其次设身处地地为他人着想，学着感受别人的需要并接受彼此的分歧，也尝试从别人眼中看自己。若能看到别人眼中的自己，在沟通方面会更容易成功。

（二）创业团队激励

所谓“激励”，是指为激发人的动机、鼓励人们形成行为、从事某种活动而采取措施的过程。从管理活动的角度讲，团队激励的目的是为了使成员拥有工作动力，也就是人们常说的调动积极性，它也是一种组织满足员工的需要并引导和强化其行为的过程，因而对于团队工作来说是不可或缺的重要内容。

1. 激励的原则

1）差异化激励

俗话说：“人过一百，形形色色。”因此，员工激励必须实现差别化，要像打破分配制度的“大锅饭”一样打破激励制度的“大锅饭”。要根据具体情况制定团队的激励制度。

2）动态持续激励

人们的一种需要基本或部分满足以后，立即会产生另一种或多种需要，随着时空条件的不断变化，这种需要的满足感也会不断下降，甚至变成不满足。这就要求企业对员工的激励必须是动态的和持续的，不能“一次激励定乾坤”。实现动态持续激励的基本方法和程序是：做到“了解需要—制订计划—实施激励—激励效果评估”路径循环，循环次数因情况而定。

3）物质激励与精神激励相结合

一般而言，生理需要和安全需要属于物质激励的范畴，而情感和归属的需要、尊重的需要以及自我实现的需要则属于精神激励的范畴。随着社会进步和人类生活水平的不断提高，人们对精神方面的需要越来越迫切而且越来越高，企业应因势利导、与时俱进，不断地调整激励策略和方法。

4）短期激励与长期激励相交叉

短期激励指即时的或一次性的激励；而长期激励则指规范性的、期限较长的激励。短期激励具有灵活性和时效性；而长期激励则具有稳定性和持久性。因此短期激励与长期激励的交叉配合，会使激励效果最佳。短期激励的方法有：增加工资、津贴、补贴、奖金、带薪假期、培训机会、旅游等；长期激励的方法有：经理人股票期权、员工持股等。

5）公平、公正、公开

激励措施的公正性是有效激励的根本保证。贯彻公平、公正、公开激励原则的主要要求如下。第一，消除激励歧视，激励面前人人平等；第二，让员工参与激励计划的制订，并在过程中进行有效监督；第三，公开激励计划的内容和实施的结果。

6）正激励与负激励相结合

正激励就是对成员符合组织目标期望的行为进行激励；负激励就是对违背组织目标期望的行为进行惩罚，激励过程中要兼顾两者。

7）时机性

把握激励的时机，“雪中送炭”的及时激励有利于更好地激发团队成员的工作热情。

2. 团队激励的方法

（1）竞争激励，如优秀员工榜、竞赛、职位竞选等，类似的竞赛方式还有销售额比赛、质量比赛、利润比赛、明星大赛等。

（2）奖励激励，如加薪、公司股份与期权、旅游、休假、津贴和福利或其他形式的奖励。

（3）个人发展激励，如职业发展、目标激励、职位晋升、培训或其他学习机会、工作内容激励、组织荣誉。

（4）薪酬激励。薪酬是企业因使用员工劳动而付给员工的金钱或实物，包括工资、奖金、津贴补贴、股权、各种福利等物质和精神奖励，它是满足员工生存、安全等多方面需要的主要渠道，因而是团队激励的基础。

五、团队的打造

打造一支优质高效的创业团队，应从以下几个方面进行：

（1）以明确的目标领导团队。明确的目标有利于统一团队的行动方向、提高团队绩效。

（2）建立优秀的团队文化。优秀的创业团队的文化理念包括：重视凝聚力、重视合作精神、具备长远目标、以绩效为导向、追求价值创造、强调公正性、共同分享收获等，应为“集体精神、分享认知、共担风险、协作进取”四维结构式的。

（3）在团队内部形成高度一致。如果团队成员发生冲突，核心领导者应协助他们解决冲突，并尽量达成一致；在团队内部鼓励发表不同的观点与意见，并协助团队朝“总体一致”的方向前进。

（4）注重学习与创新。一方面提倡“学习型组织”建设，加强内部学习、知识共享，同时注重从外界汲取新的知识，不断提升组织的学习能力；另一方面，重视创新氛围的营造，鼓励通过学习来促进创新能力的提升，培养团队成员的创新思维。

（5）实施有效的激励机制。激励机制的设计应该遵循注重团队整体、以业绩为导向、注意差异化以及灵活性等四项原则，具体激励内容包括股权激励、薪酬激励、授权激励、精神激励等。建议创业初期就明确股权激励方式，不可模棱两可，避免后期出现“扯皮”现象，而且最好不要选择均等股份的形式（尤其是两个人的团队，更加不合适）。

（6）开展团队绩效评估。有效的团队绩效评估，可以帮助团队领导者从结果、过程两方面全面评估团队的绩效以及个人的绩效，同时查找问题，并提出相应的改进方案。同时，绩效评估结果也是实施激励机制的重要依据之一。

个人绩效评估的主要指标包括创业思维、商业计划准备、敬业精神和风貌、工作技能和关系、岗位职责等；评估方式以团队内部成员互相评议、用户满意度评价、管理层评估三种方式为主。

（7）有效解决团队内部的问题。在创业过程中，创业团队会因为主观或者客观因素，不可避免地碰到一些问题与障碍，例如个人与团队的冲突、团队突然“卡壳”等问题。如何有效解决这些关键问题，对于创业团队走向成熟、实现创业目标极其重要。

思考题

（1）创业者应该具备什么样的素质？

（2）谈一谈你将如何创建你的创业团队。

（3）针对不同的团队成员应该采取什么样的激励方法？

（4）假如你是创业者，模拟运行一个团队，思考可能会面临的困难，并探讨解决思路。

第八章

创新创业大赛项目的申报

本章重点

（1）国内创新创业大赛项目概况；

（2）创新创业项目申报书撰写的目的和作用；

（3）创新创业项目申报书的撰写内容；

（4）创新创业项目书撰写的原则与技巧。

为积极响应国家提出的大众创业、万众创新的号召，推动创业教育、传播创业理念、提升创业技能、促进创业就业，各种主题的创新创业大赛如雨后春笋，层出不穷，声势浩大，蓬勃开展。

精选案例 1　第二个文创团队赢在哪了？

正值高校开展创新创业计划大赛之际，某高校由 7 名大学生组建的一个创业团队想在校内创办一家与学校文化相关的文创店。他们直接找到学校相关部门的老师，对文创店的前景、发展战略、市场定位及自己的团队优势进行了一番陈述，花了近一个下午的时间，但结果收效甚微。

此时，另外一个校内创业团队也对校园文创项目很感兴趣。团队成员首先对校内具有代表性的图标、风景、建筑等进行拍摄和文案搜集，并在线上向全校师生发起问卷调查，听取校内师生的意见建议。随后，团队成员对校园文创产品的前期设计、后期制作、营销方案、市场风险等进行了分析，编写了详细的创业申报书，并重点突出了团队优势和团队资源，增强了项目的操作性和可行性，这些有针对性的表述为创业申报书加分不少。最后该团队在众多项目申报书中脱颖而出，在学校的支持下，校园文创店顺利运行。

由此可见，制作一份好的申报书对创新创业团队而言是非常重要的，其不仅能帮助团队理清发展思路，也为创业成功打下了坚实的基础。

第一节　创新创业大赛项目概述

目前医学院校大学生参加的创新创业项目主要有“挑战杯”大学生课外学术科技作品竞赛、“挑战杯”大学生创业计划竞赛、大学生创新性实验计划项目、大学生创新创业训练计划项目、“互联网＋”大学生创新创业大赛、大学生“创新、创意及创业”挑战赛等。

一、创新创业大赛项目介绍

随着国家大力鼓励创新创业，教育部、科技部、人力资源和社会保障部、工业和信息化部、国家发展改革委、共青团中央等国家部委和行业组织更加重视青年大学生的科技创新和创业工作，积极支持、谋划组织了不同主题的创新创业大赛，为我国青年大学生展示才华、凝聚人才资源搭建了很好的展示平台。下面就为大家介绍在全国高校开展的常规性及含金量较高的各项创新创业比赛。这些比赛主要由各所高校团委、教务处等部门下发通知并做相关安排部署，这里仅对各类比赛情况做简要介绍，具体可以详见各比赛报名官网或咨询所在学校或学院团委和教学管理部门。

“挑战杯”竞赛的主办部门权威性高、影响力大且举办时间长，它共有两个并列项目，一个是“挑战杯”全国大学生课外学术科技作品竞赛，简称为“大挑”；另一个则是“挑战杯”中国大学生创业计划竞赛，简称为“小挑”。“挑战杯”竞赛的两个项目交叉轮流开展，每个项目每两年举办一届，竞赛官方网站为 http://www.tiaozhanbei.net/。“挑战杯”竞赛从最初由 10 余所高校发起，发展到有 1 000 多所高校参与；从 300 多人的小擂台发展到 200 多万大学生的竞技场。此竞赛在广大青年学生中的影响力和号召力显著增强，已成为促进优秀青年人才脱颖而出的创新摇篮、引导高校学生推动现代化建设的重要渠道、深化高校素质教育的实践课堂和展示全体中华学子创新风采的亮丽舞台，对营造浓厚的科技创新创业氛围起到了积极的促进作用。

（一）“挑战杯”大学生课外学术科技作品竞赛

“挑战杯”全国大学生课外学术科技作品竞赛是由共青团中央、中国科协、教育部、全国学联和地方政府共同主办，国内著名大学、新闻媒体联合发起的一项具有导向性、示范性和群众性的全国竞赛活动。自 1989 年首届竞赛举办以来，“挑战杯”竞赛始终坚持“崇尚科学、追求真知、勤奋学习、锐意创新、迎接挑战”的宗旨，在促进青年创新人才成长、深化高校素质教育、推动经济社会发展等方面发挥了积极作用，在广大高校乃至社会上产生了广泛而良好的影响，被誉为当代大学生科技创新的“奥林匹克”盛会，截至 2021 年已举办了十七届。竞赛的发展得到党和国家领导同志的亲切关怀，江泽民同志为“挑战杯”竞赛题写了杯名，李鹏、李岚清等党和国家领导同志题词勉励。

大学生课外学术科技作品竞赛注重学术科技发明创作带来的实际意义与成果转化运用。参赛类别主要有 3 类，分别是：自然科学类学术论文、社会科学类社会调查报告和学术论文、科技发明制作类。自然科学类学术论文、社会科学类社会调查报告和学术论文主要围绕作品撰写的目的和基本思路、作品的科学性和先进性及独特之处、作品的实际应用价值和现实指导意义三方面进行阐述。科技发明制作类主要围绕作品设计、发明的目的和基本思路和创新点、技术关键和主要技术指标、作品的科学性、先进性进行描述说明。论文类每篇在8 000字以内，调查报告类每篇在15 000字以内。为党政部门、企事业单位所做的各类发展规划、工作方案和咨询报告，已被采用者亦可申报参赛，同时附上原件和采用单位证明的复印件和鉴定材料等。

（二）“挑战杯”大学生创业计划竞赛

创业计划竞赛起源于美国，又称商业计划竞赛，是风靡全球高校的重要赛事。它借用风险投资的运作模式，要求参赛者组成优势互补的竞赛小组，提出一项具有市场前景的技术、产品或者服务，并围绕这一技术、产品或服务，以获得风险投资为目的，完成一份完整、具体、深入的创业计划。

首届“挑战杯”大学生创业计划竞赛于1999年由共青团中央、中国科协、全国学联主办，清华大学承办，截至2021年已成功举办了十二届。比赛采取学校、省（自治区、直辖市）和全国三级赛制，分预赛、复赛、决赛三个赛段进行。

作为大学生科技活动的新载体，创业计划竞赛在贯彻落实国家“科教兴国”战略，旨在培养复合型、创新型人才，促进高校产学研结合，推动国内风险投资体系建立方面发挥出越来越积极的作用。

（三）大学生创新创业训练计划项目

教育部从“十二五”期间开始实施国家级大学生创新创业训练计划。随后，省级和校级大学生创新创业训练计划也逐步推出。作为高等学校本科教学质量与教学改革工程的一项具体举措，创新创业训练计划在促进高校转变教育思想观念，改革人才培养模式，强化创新创业能力训练，增强大学生的创新能力和在创新基础上的创业能力，培养适应创新型国家建设需要的高水平创新人才等方面发挥了积极的作用。国家级大学生创新创业训练计划平台官方网站为 http://gjcxcy. bjtu. edu. cn/Index. aspx。

大学生创新创业训练计划项目面向本科生申报，原则上要求项目负责人在毕业前完成项目。各高校根据本校实际情况，适当安排创新训练项目和创业训练项目的比例，并逐步覆盖本校的各个学科门类。大学生创新创业训练计划内容包括创新训练项目、创业训练项目和创业实践项目三类。

（1）创新训练项目要求本科生个人或团队，在导师指导下，自主完成创新性研究项目设计、研究条件准备和项目实施、研究报告撰写、成果（学术）交流等工作。

（2）创业训练项目要求团队中每个学生在项目实施过程中扮演一个或多个具体的角色，通过编制商业计划书、开展可行性研究、模拟企业运行、参加企业实践、撰写创业报告等工作。

（3）创业实践项目要求学生团队在学校导师和企业导师的共同指导下，采用前期创新训练项目（或创新性实验）的成果，提出一项具有市场前景的创新性产品或者服务，以此为基础开展创业实践活动。

（四）“互联网＋”大学生创新创业大赛

“互联网＋”大学生创新创业大赛2014年首次举办，截至2021年已成功举办了七届，“互联网＋”大学生创新创业大赛平台官方网站为https：//cy. ncss. cn。大赛主要由教育部、中央统战部、中央网络安全和信息化领导小组办公室、国家发展和改革委员会、工业和信息化部、人力资源社会保障部、生态环境部、农业农村部、国家知识产权局、国务院侨务办公室、中国科学院、中国工程院、国务院扶贫开发领导小组办公室和共青团中央共同主办，每年由不同高校进行承办。大赛旨在深化高等教育综合改革，激发大学生的创造力，培养造就“大众创业、万众创新”的生力军；推动赛事成果转化，促进“互联网＋”新业态形成，服务经济提质增效升级；同时，以创新引领创业、创业带动就业，推动高校毕业生更高质量创业就业。

“互联网＋”大学生创新创业大赛一般在每年4月由各高校组织参赛报名，上传相关项目申报材料。每年6—8月进入到初赛、复赛环节，10月下旬进入总决赛。大赛主要采用校级初赛、省级复赛、总决赛三级赛制（不含萌芽赛道以及国际参赛项目）。校级初赛由各高校负责组织，省级复赛由各地教育主管部门负责组织，总决赛由各地教育主管部门按照大赛组委会确定的配额择优遴选推荐项目。

比赛项目主要包括以下类型：

（1）“互联网＋”现代农业，包括农林牧渔等；

（2）“互联网＋”制造业，包括智能硬件、先进制造、工业自动化、生物医药、节能环保、新材料、军工等；

（3）“互联网＋”信息技术服务，包括人工智能技术、物联网技术、网络空间安全技术、大数据、云计算、工具软件、社交网络、媒体门户、企业服务等；

（4）“互联网＋”文化创意服务，包括广播影视、设计服务、文化艺术、旅游休闲、艺术品交易、广告会展、动漫娱乐、体育竞技等；

（5）“互联网＋”社会服务，包括电子商务、消费生活、金融、财经法务、房产家居、高效物流、教育培训、医疗健康、交通、人力资源服务等；

（6）“互联网＋”公益创业，以社会价值为导向的非营利性创业。

参赛项目不只限于“互联网＋”项目，鼓励各类创新创业项目参赛根据行业背景选择相应类型。以上各类项目可自主选择参加“青年红色筑梦之旅”活动。

（7）“青年红色筑梦之旅”赛道。参加此赛道的项目须为参加“青年红色筑梦之旅”活动的项目。各省（区、市）教育厅（教委）、各高校要组织大学生创新创业团队到各自对接的县、乡、村和农户，从质量兴农、绿色兴农、科技兴农、电商兴农、教育兴农等多个方面开展帮扶工作，推动当地社会经济建设，助力精准扶贫和乡村振兴。参加“青年红色筑梦之旅”活动的项目可自主选择参加主赛道或“青年红色筑梦之旅”赛道比赛，但只能选择参加一个赛道。

（8）国际赛道。打造大赛国际平台，提升大赛全球影响力。由国际赛道专家组会同全球大学生创新创业联盟（筹）择优遴选推荐项目。鼓励各高校推荐国外友好合作高校的项目参赛，鼓励各高校推荐海外校友会作为国际赛道合作渠道。

（五）大学生“创新、创意及创业”挑战赛

全国大学生电子商务“创新、创意及创业”挑战赛（以下简称“三创赛”）是在2009年教育部委托教育部高校电子商务类专业教学指导委员会主办的全国性在校大学生学科性竞赛。“三创赛”是一项激发大学生兴趣与潜能，培养大学生创新意识、创意思维、创业能力以及团队协同实战精神的学科性竞赛。从2009年到2019年一直由教育部主管、教育部高校电子商务类专业教学指员委员会主办，具体工作由电子商务类专业教学指导委员会领导的“三创赛”竞赛组织委员会统一策划、组织、管理与实施。2020年之后，由于教育部落实国家“放管服”政策，“三创赛”的主办单位由电子商务教指委转变为全国电子商务产教融合创新联盟，截至2021年已成功举办了十一届。全国大学生电子商务“创新、创意及创业”挑战赛平台官方网站为http://www.3chuang.net，“三创赛”由校赛、省级赛和全国总决赛三级竞赛组成。校赛由教育部认可的高校向“三创赛”竞赛组织委员会提出申请，备案后组织比赛；省级赛和全国总决赛的承办则是由教育部认可的高校向竞赛组织委员会提出申请，经“三创赛”竞赛组织委员批准、委托后，承办单位分别组成各省级选拔赛的竞赛组织委员会和全国总决赛竞赛组织委员会，在全国“三创赛”竞赛组织委员会的指导和监督下具体承办各省级“三创赛”选拔赛和“三创赛”全国总决赛。“三创赛”的参赛规模越来越大，影响力越来越强，已经成为颇具影响力的全国性品牌赛事，也真正实现了以大赛促进教学、以大赛促进实践、以大赛促进创造、以大赛促进育人的办赛宗旨。

二、创新创业大赛的意义

创新创业大赛项目的意义主要体现在以下几个方面：

（一）以赛促培，培养大学生具有敢想敢拼的创新精神

习近平总书记指出：“要更加重视青年人才培养，努力造就一批具有世界影响力的顶尖科技人才，稳定支持一批创新团队，培养更多高素质技术技能人才。”青年正处于思维活跃的黄金时期，有对身边新兴事物的好奇和思考，有对传统观念和传统行业挑战突破的信心和欲望，正是这种创新精神往往造就了大学生创业的动力源泉，成为成功创业的精神基础。各类创新创业比赛极大地激发了青年大学生创新创业热情，释放出“青年+创新创业”的无穷力量，培养了青年大学生敢想会创的可贵素质。

（二）以赛促学，鼓励大学生发挥专业优势加强成果转化

习近平总书记在给第三届全国“互联网+”大学生创新创业大赛“青年红色筑梦之旅”大学生回信时，勉励广大青年学子要扎根中国大地了解国情民情，在创新创业中增长智慧才干，在艰苦奋斗中锤炼意志品质。近年来，各项创新创业赛事积极引导青年大学生树立创新意识，拓展创新思维，广泛开展创新活动，助推科研成果转化和应用，增强了青年大学生的实践能力，达到学以致用、知行合一，提升了创新创业成果转化率。

（三）以赛促教，推动创新创业教育改革深化

各类大学生创新创业大赛的举办，既充分展示了深化高校创新创业教育改革的阶段性成果，又倒逼创新创业教育改革全面深化。目前，各高校普遍开展教学和学籍管理制度改革，实行弹性学制，大力支持大学生创新创业，建立了创新创业学分积累与转化制度、在线

开放课程学习认证和学分认定制度等，实现了形式和内容的创新，推动人才培养从传统的就业从业模式向创新创业模式转变，提供了形式多样、内容丰富的创新创业筑梦平台，大大激发了大学生的学习兴趣和创新创业活力，进而增强服务国家创新发展。

第二节　创新创业大赛项目申报书撰写

在各级各类创新创业大赛中，我们经常发现很多参赛项目的想法好、申报书也很厚，但理论多、分析少而空。大部分团队前期没有进行全面的市场调研，获取的一手数据和资料不够充分，没有客观系统地分析项目的可行性和可操作性，不能完整、清晰描述项目内容、项目特色和优势、项目创新性、项目的操作模式和实施策略，十分遗憾地与大赛奖项失之交臂。

学会撰写项目申报书，不仅可以提高项目申报成功率，今后还可以把相关的写作技巧运用到科学研究基金项目的申报之中。此外，撰写项目申报书的过程是团队自我审视、分析自身利弊的好机会。好的申报书不仅能够帮助团队吸引好的人才，获得投资者和合作伙伴的支持，还会在后期实践中取得事半功倍的效果。

一、创新创业大赛项目申报书撰写原则

高校各类创新创业大赛的项目申报书与大家通常较为熟悉的商业（创业）计划书既有共通之处又有一定区别。商业计划书（Business Plan，BP）指公司、企业或项目单位为了获取招商融资或达到其他发展目标，在前期对整个拟计划投资或发展的项目进行全面调研、分析的基础上，向投资者全面展示竞标团队的情况、实力和优势，是一套系统完整且操作性强的竞标材料。高校各类创新创业申报书旨在阐述清楚项目申报的意义、研究目标，说明项目的创新性和可操作性。两者共同之处在于都是从研究意义、项目介绍、具体实施过程、预计取得的效果和经济效益等方面对申报项目进行分析评估。两者的区别在于导向不同，前者是具有一定基础和实力的单位团队开展的项目竞标，后者重点在于培养在校大学生的创新创业意识。所以，不能把固有的商业（创业）计划书和高校创新创业申报书等同，他们各有针对性和侧重点。

通过对近年来获得佳绩的参赛项目申报书进行分析，本书发现参赛团队在撰写申报书时均遵守了以下五项原则。

（一）客观真实

不管是参加创新类还是创业类比赛，即便有好的创意或想法，也要在前期通过市场调研搜集大量的素材、案例、数据等有效信息并进行筛选和分析，写入申报书的内容必须是符合客观实际的，不能随意照搬抄袭、捏造信息，尤其是市场调研、成本核算和风险评估等部分要尽可能客观、真实，这样才能全面真实地展现项目，对项目的可行性和可操作性有一个客观全面的分析，有效规避风险因素，提高项目实施的质量。

（二）遵循逻辑

创新创业类项目的申报书的栏目都是模块化的，但是在进行撰写的过程中也要注意模

块之间的联系，建议在撰写申报书前可以先根据栏目标题列出一个写作提纲，可以细化到二级甚至三级小标题，这样可以更直接地突显彼此之间的联系，再根据搜集的前期资料进行分块填充，尽量避免资料或数据的重复使用和出现。同时在相邻模块之间用承上启下的表述，可以达到逻辑结构严密、思路清晰、条理性强的效果。

（三）文字凝练

虽然原则上项目申报书没有字数的具体限制，但一份好的项目申报书贵于精、乏于琐，应避免出现与项目主题或内容无关的内容。要注意两点：一是在罗列申报书提纲的同时，要把各级标题的主题进行凝练，突出每个陈述要点。二是文字表述要简洁明了，通俗易懂，不要过度重复、过度文字修饰点缀或长篇大论，能够说清楚表达意思即可。

（四）可行性强

不管是创新类还是创业类项目申报书，务必注意提供的数据、图片等资料要前后一致，尽量提供可信度高的佐证资料，并使其内容相互支撑、相互呼应，达到论点鲜明、论据充分、操作性强的效果。

二、创新创业大赛项目申报书常见问题

（一）项目优势描述不清

创新创业项目申报书最常见的问题就是未结合项目实际，不能突显项目的主要优势，出现描述不清、内容交替反复，将项目优势和项目特色混为一谈等情况。一份好的项目申报书最为关键的就是可以从技术优势、质量优势、性能优势、成本优势、服务优势等方面完整地介绍和突出项目的优势。参赛团队需厘清项目优势和特色，优势不一定有特色，特色不一定是优势。

（二）项目特色突出不够

很多项目申报书在描述项目特色时过于简单，过于宏观、空洞、宽泛，没有与项目实际紧密结合。项目特色就是需要重点说明的创新点，与其他项目不同的地方，一定程度上也是申报书的核心竞争力。

（三）团队能力整合不全

团队成员之间没有一定的互补性也是大忌，项目能否顺利开展的关键就是团队能力。尽可能地结合项目实际，突出团队专业性强、实践经验丰富、团队成员曾获得过相关的奖项或发表过相关的文章，重点突出团队成员在创新能力、执行能力、协同能力、规划能力、拼搏能力和抗挫能力等方面的互补性。

（四）经费预算不切实际

创新创业项目申报书还普遍存在经费预算与实际需求不相符的情况，如：购买书籍、材料复印有较大占比，对推进项目取得实质性进展的经费预算则相对较小，这会导致评审专家对项目可行性的产生怀疑。

三、创新类项目申报书撰写指南

创新类项目旨在进一步贯彻落实全国教育大会和新时代全国高等学校本科教育工作

会议精神，不断推动学校创新创业教育教学改革，转变教育思想观念、改革人才培养模式、强化学生创新创业实践，培养大学生独立思考、善于质疑、勇于创新的探索精神和敢闯会创的意志品格，提升大学生创新能力。这里主要对大学生创新性实验计划项目申报书中的主要内容做一个介绍。

（一）项目简介

申报书中第一项内容就是对所申报的项目进行概述。这块内容类似于论文综述，即对申报项目的有关背景、项目提出的现实意义、项目基本情况等分别进行阐述。

项目简介主要介绍提出项目的原因或出发点、当前背景下项目的创新之处或特色优势，提出项目实施的主要方法以及带来的效益或影响。同时，项目申报都需要指导教师和团队成员的积极参与，所以需要说明项目团队成员的分工和各自优势，突显申报项目的团队优势，进一步证明项目的可行性和可操作性。

（二）研究目标和立论依据

1. 研究目标

项目研究目标主要根据需解决什么样的问题，说明项目实施以后能取得什么样的预期效果或实现什么功能，有直接的现实性。

2. 立论依据

立论依据用来阐明项目的来源，主要从以下几个方面来阐述：

（1）项目中涉及的国家、省及地方政策性文件。项目首先要符合国家的发展方向，这些政策性文件是项目立论强有力的政策支持，建议可以关注政府官网或微信公众号，了解实时动态资讯。

（2）项目研究意义，即这个项目将带来的社会效益和影响，突出这个项目的价值所在。

（三）研究方案

1. 研究内容和拟解决的问题

研究内容主要说明项目以什么问题为核心进行研究，并在前期研究的基础上通过什么样的方法拟解决什么问题。

2. 研究方法、技术路线、实验方案及可行性分析

（1）研究方法：根据项目的内容，一般采用文献法、问卷法、访谈法、观察法、个案研究、实验法等方式开展。

（2）技术路线：以研究假设为核心将研究内容、研究方法、研究步骤有机组合的逻辑结构。在这个概念中，有两个重点词，一个是以“假设为核心”，另外一个是“逻辑结构”。技术路线主要以流程图的形式呈现出来，按照“调查筛选—课题论证—制定方案—实践研究—团队交流总结—申请结题”的程序进行，因此其也称为技术路线图。

（3）实验方案：作品发明类等实操性强、需要用完整的实验方案和实验数据来进行有效证明的项目，需要特别侧重于实验方案部分。实验方案主要侧重于技术路线的创新，包括实验假设、实验目的、实验器材、实验过程、实验结果、结果论证分析、后期市场投放效益等方面的内容。

（4）可行性分析：主要从理论分析、研究方法分析、预测结果分析以及人员、设备、研究

基础等方面进行分析，目的就是要证明团队提供的技术路线、人力、物力条件能够保证项目的顺利进行。

3. 项目的创新点

通过与国内外相似项目或较为成熟的市场项目进行比较分析，总结出申报项目的创新点或优势所在。

4. 年度研究计划和预期进展

(1) 年度研究计划：一般课题的立项期限有1年、2年、3年，根据项目立项时间要求，说明项目立项后的所有进度安排，主要说明项目在规定期限内每个时间段的进度安排，相当于在时间上进行一个合理计划，便于如期结题。

(2) 预期进展：这里需要说明每个阶段要取得的预期效果分别是什么，如："在项目开展前期完成相关文献资料搜集→形成项目综述，进行调查研究或实验研究→完成结果或数据研究分析，形成结题报告或论文成果→按期结题"。

5. 预期研究成果与提交成果方式

预期研究成果就是项目结束后形成的项目总结，提交成果方式目前主要有结题报告、论文、实验报告、专著等。

(四) 研究基础和经费预算

1. 研究基础

(1) 项目有关的研究工作积累和已取得的研究工作成绩：这部分需要说明团队成员前期开展的相关研究的情况并提供团队成员曾发表的与项目相关的论文、论著、获奖证书等材料的复印件。

(2) 工作条件：工作条件是项目能否顺利实施的重要保障，主要说明可以提供的人力资源、工作场地、时间保障等各项可以支持项目更好地完成的条件。

(3) 尚缺少的条件和拟解决的途径：主要说明项目开展中预计存在的困难和问题，以及拟解决的途径，相当于给项目存在的难点做一个预案，充分考虑项目的可行性和可操作性。

2. 经费预算

根据课题立项后给予的经费支持，具体细化项目各个环节所需经费，主要包括项目研究所需的资料费、实验材料费、调研费、差旅费、会议费、论文版面费等必要开支，大多数项目不允许支出劳务费等人员经费。

精选案例2 国家级大学生创新训练计划项目(昆明医科大学2017级药学专业本科生)

云南特色植物青阳参主要成分青阳参苷元，为C21甾体。青阳参苷元具有镇静、抗癫痫等药理作用，有成药潜力。探索系统、高效获取青阳参苷元的提取新方法是研究其成药性的重要前提。前期课题组已通过超声法进行了青阳参苷元提取单因素实验。在此基础上，本课题拟以提取率为指标，利用响应面设计法优选提取工艺，获得青阳参苷元最佳超声提取参数，为后续研究奠定物质基础。同时提高本科生实验技能，培养自主创新意识和能力。(完整申报书，请扫二维码阅读。)

精选案例 3 第九届云南省大中专学生课外学术科技节一等奖作品(昆明医科大学2015级临床医学专业本科生)

糖尿病(Diabetes Mellitus, DM)被列为威胁人类健康的三大慢性非传染性疾病之一。糖尿病引起的心脑血管及神经病变是其致残致死的主要原因。糖尿病性认知障碍(cognitive impairment in diabetes, CID)的研究越来越多,深入加强对CID的相关研究,对减轻糖尿病危害和患者的经济负担、改善患者的生活质量有重要意义。建立大鼠糖尿病模型,运用Morris水迷宫、HE染色、免疫荧光双标、WB等实验方法,探索MEK1/2-ERK1/2信号通路相关因子的变化与糖尿病大鼠学习记忆能力的相互关系,再用天麻素进行干预,评价天麻素对CID的影响。(完整申报书和实验设计,请扫二维码阅读。)

四、创业类项目申报书撰写指南

创业类项目旨在进一步深入学习贯彻习近平新时代中国特色社会主义思想和党的十九大精神,按照高校思想政治工作会议和全国教育大会精神,充分发挥实践育人和创新育人作用,推进高校“三全育人”综合改革和“十大育人体系”构建,提升青年大学生创新思维和创业能力,培养德智体美劳全面发展的人才,实现广泛覆盖、以赛促创的目标,强化创新创业育人实效,催生创新创业成果。这里主要对大学生创业类项目申报书和创业计划书中的主要内容做一个介绍。

(一) 创业类项目申报书撰写介绍

1. 项目说明

申报书中的项目说明是对整个申报书内容的高度概括和凝练,类似于论文中的摘要部分,主要对项目背景进行介绍,突出项目的优势特色或创新之处、现实价值和预期达到的目标,言简意赅地完整表述整个项目。这部分是创业类项目申报书的主体部分,也是评审的重要环节,是整个申报书的精华。

2. 市场化分析及产业前景

(1) 市场化分析:任何创业项目在正式投入之前都需要做相关的市场调研,通过走访调查、发放问卷、定期观察来获取项目消费主体、消费意向和需求、市场竞争对手等一系列信息,为进一步优化项目提供了重要数据基础,这是项目竞争优劣的主要体现。

(2) 产业前景:产业前景主要突出该创业项目在后期市场运行阶段要达到的目标或效果以及社会效益和经济效益,主要说明项目的预期价值。

3. 投资概算

投资概算就是项目投入的资金规划,重点编制固定资产、现金流量、利润及资产。本节创业计划书撰写部分的“资金规划与财务需求”将对此做详细介绍。

4. 经济效益预测

经济效益预测就是项目效益费用(成本)分析,对项目投入后的产出比或利润进行估算。在进行经济效益预测时,应避免简单估算,应通过项目成本分析、盈利预测、经济效益分析来增加经济效益的可信度。

(1) 成本分析:按照财务制度对项目投入进行估算,主要包括生产成本(包括人工费、材料费、产品加工费等)和期间管理成本费用(包括管理费及相关财务费用),并提供计算生产成本的基础,说明对生产成本产生负面影响的主要因素以及可采取的对策。

(2) 盈利预测:根据项目的成本投入和市场分析,预测本项目产品投放市场后的单位销售价格,并编制该项目五年内的产业化生产和推广应用预测,主要包括收入预测、成本预测、利润预测,以上预测分析都要求列表计算。

(3) 经济效益分析:经济效益分析主要对项目运行阶段内实现的经济效益进行预测。经济效益预测表如下所示。

表　经济效益预测表

序号	项目名称	成本投入(万元)	产品销售收入(万元)	缴税总额(万元)	其他支出(万元)	净利润(万元)

(二) 创业计划书撰写介绍

在创业计划大赛中,创业计划书是对比赛获胜起决定性作用的重要材料,也是主办方了解创业者、参赛团队和检验项目价值的重要途径之一。一份完整的创业计划书应该包括封面、项目及团队概况、项目背景和发展情况分析、产品/服务概况、市场分析与项目定位、运营状况与市场营销和发展策略、资金规划与财务需求、附件等八项内容。一般创业计划书都有一定的模板或格式要求,可以按照经验学习积累、创业构思、前期调研、计划书模板学习、起草创业计划书、评估论证、整体完善、检查装订这八个步骤进行准备。

1. 封面

创业计划书的封面需要展示一个完整的基本信息,主要包括:项目名称、项目类别、项目负责人、联系方式、项目组成员。

2. 项目及团队概况

1) 项目简介

项目简介与创业类项目申报书中的"项目说明"有相似之处,即对整个项目做一个高度凝练的归纳和全方位的总结,主要从项目提出的背景、项目实施的必要性、创新点或优势、后期取得的社会效益和经济效益等方面进行概括,是创业计划书的精华部分,往往在创业计划书编写的最后阶段才完成,但这却是评审或投资方最为关注的部分。因此,必须反复斟酌句与句之间的逻辑关系,字数不宜过多,一般在 1 500～2 000 字左右,保证内容真实全面,以便对方能对项目有一个初步的了解,吸引对方关注,进一步加深印象。

2）创业团队介绍

主要对项目主要负责人及成员进行全面介绍，主要包括团队成员具有的能力、团队分工安排、前期在项目相关领域取得的成绩等。

3. 项目背景和发展情况分析

1）项目背景分析

项目背景分析主要从相关领域的发展现状、政策支持情况、竞争方发展情况及普遍存在的问题、消费者需求意向、营销策略等方面进行调研分析，进一步突出申报项目的特色、优势或创新之处。

2）项目市场发展情况分析

项目市场发展情况分析是对项目后期投放到市场后的销售情况进行评估分析，一般5年为一周期，从第一年投入大于产出、可能出现亏损，到第二年投入与产出持平、收回成本，再到第三年以后逐步盈利。当然，需要根据项目实际投入的资金情况进行分析，投入与盈利一定程度上在时间周期上成正比。

4. 产品/服务概况

1）产品/服务介绍

在进行项目评审时，评审专家主要关注产品/服务介绍是否具有独特性、竞争性和投资性。产品/服务介绍一般包括以下几个方面：①产品/服务的概念、性能和特性；②产品/服务投入的必要性和市场竞争力；③产品/服务的研究及开发过程；④产品/服务投入运行的计划和成本分析；⑤产品/服务预期社会效益和经济效益；⑥产品/服务的品牌设计和专利申请等。

介绍产品/服务时应全面、具体、真实、客观，可以提供可信度高的调研数据作为支撑，同时也要注意采用通俗易懂的方式，必要时应附上产品/服务的原型、照片或其他材料。

2）产品/服务优势

产品/服务优势在一定程度上体现了市场竞争力，重点通过与同类产品/服务领域进行比较分析，归纳当前该产品/服务普遍存在的问题，突出该产品/服务是否能有效解决普遍存在的问题，总结出该产品/服务的优势和市场竞争力。

5. 市场分析与项目定位

1）市场定位

通过前期对产品/服务的市场竞争力、运行成本和经济效益进行分析，按照消费群体对产品/服务进行市场定价，突出项目的产品优势、价格优势、服务优势等综合竞争力。主要从以下三个方面进行定位：

（1）市场细分和目标市场选择：根据产品/服务的性能和消费对象找到具体的目标市场。目标市场可以是一个细分市场，也可以是两个及以上的细分市场，如果涉及多个细分市场，在计划书中要说明每个目标市场设立的必要性并逐一详细分析项目在该市场中的竞争力。

（2）消费对象行为分析：主要对产品/服务的消费群体进行分析，可以采取走访调查、问卷调查、产品/服务体验等方式获取满意度测评，进一步优化和提高产品/服务的质量和效果。

(3) 竞争对手分析：除了选择目标市场和消费群体外，还需要对该领域中竞争对手的营销策略、产品/服务定价、区位优劣势等进行比较分析，做到知己知彼。

2) 发展规划

通过多方面的定位分析，对产品/服务的销售额和市场份额进行评估，对每年产品/服务投放市场的单价和数量进行预估，做到优化资源配置。

6. 运营状况以及市场营销和发展策略

1) 运营状况

此部分用来说明产品/服务投放市场后采取的经营模式，旨在让评审专家或投资方了解产品/服务的生产经营状况和前期投入成本，一般包括生产工艺、服务流程、设备购置、人员配备、产品/服务销售策略、质量控制与管理等内容。

2) 竞争分析

对产品/服务进行可行性和可操作性分析，常用到的管理工具有 SWOT 分析和 PEST 分析两种分析工具。

(1) SWOT 分析：SWOT 即是优势(Strength)、劣势(Weakness)、机会(Opportunity)、威胁(Threats)的缩写，SWOT 分析实际上就是从政策、技术、产品、价格、团队、渠道、品牌、服务、资源、知识产权等方面对项目的内外部条件进行概括和综合。SWOT 分析可以帮助创业团队清楚了解自己的创业项目的优劣势、面临的机会和威胁。

(2) PEST 分析：PEST 即是政治(Politics)、经济(Economy)、社会(Society)、技术(Technology)的缩写。PEST 分析是一种常用的宏观环境的分析工具，对大环境下的产品/服务的竞争分析更为客观、全面。

3) 团队营销和发展策略

(1) 团队营销：团队营销理论是基于市场营销的理念，强调营销手段的完整性和营销主体的整体性，尽量为客户创造最大的价值，使客户满意最大化，使企业从中获得长远发展和稳定利润。

它具有三个优势：一是加强团队的内部团结，使团队内个体利益与整体利益一致化；二是通过群策群力，调动团队成员的所有资源和一切积极因素，从而能更好地实现团队的整体目标；三是在团队中，每个参与者在向同一个目标前进时，其自身的能力、学习水平能够同团队的整体业绩一并提升。

在写创业计划书时可以对项目团队的营销理念、策略进行说明。

(2) 发展策略：发展策略是创业计划书中非常重要且比较有挑战性的部分，产品/服务、团队自身状况、市场环境、消费群体的特点等都会影响到整个发展策略。创业计划书的发展策略应当包括总体营销策略、价格策略、渠道与销售策略、促销策略等方面。

4) 风险管理与分析

(1) 风险管理与分析的内容：风险管理与分析是创业计划书中非常重要的一部分，也是评审专家和投资方关注的重点，相当于项目的应急预案。对产品/服务的风险评估越全面，越能降低和规避后期市场投放中的风险点，提高产品/服务的质量和效益，也越能够吸引评审专家和投资方的关注，突出创业计划书的完整性。风险划分可控风险和不可控风险，最大程度规避可控风险，针对不可控风险制订相关的预案或对策，一定程度上降低损失，做到有备无患。一般来说，可以从政策风险、技术风险、市场风险、运营风险、管理风险、人才风险、资金风险等方面进行详细分析。

（2）风险管理与分析的角度：对产品/服务进行不同方面的分析在一定程度上又会削减评审专家和投资方的认同度，让他们认为风险较高，对于是否进行后期投入会比较犹豫。那么，我们就从以下几个方面进行阐述来打消评审专家和投资方的顾虑：一是项目还有什么样的附加机会；二是在最好或最坏的情况下，产品/服务近 3 年的发展趋势如何；三是在现有的项目基础上如何进一步争取到有利资源来降低项目风险。

5）团队管理

团队管理是创业计划书中最为基础的一部分，因为从组建团队到填写项目申报书、撰写创业计划书、产品/服务的前期准备、正式投入和后期管理，都离不开团队的每一位参与者，都体现着每一位参与者的执行力、服从力、团队协作能力、抗挫抗压能力。团队管理的好与坏直接决定了项目能走多远，因此要对团队每位参与者的综合能力以及在项目中发挥的作用进行全面评估，尽可能做到人岗匹配，实现人力资源优势的最大化。

此外，如项目产品/服务需成立公司或机构部门，还要对公司或机构部门的组织结构做简要介绍，比如对公司或机构部门的组织结构、各部门的职能、各部门主要负责人等进行展示介绍。

7. 资金规划与财务需求

创业计划书中资金规划与财务需求部分是对产品/服务资金进行合理规划，争取每一部分钱都花在所需之处，提高资金利用率和回报率。接下来从以下三个方面进行介绍。

1）固定资产

固定资产是指企业为生产产品、提供劳务、出租或者经营管理而持有的、使用时间超过 12 个月的，价值达到一定标准的非货币性资产，包括房屋、建筑物、机器、机械、运输工具以及其他与生产经营活动有关的设备、器具、工具等。固定资产是企业的劳动手段，也是企业赖以生产经营的主要资产。我们明白了固定资产的概念和范围，才能更好地对前期投入中的固定资产进行合理界定，对投入成本进行有效核算。

2）流动资金

流动资金是流动资产的表现形式，即企业可以在一年内或者超过一年的一个生产周期内变现或者耗用的资产合计。现金流量表是反映一家公司在一定时期现金流入和现金流出动态状况的报表，作为一个分析工具，其主要作用是反映公司的短期生存能力，特别是缴付账单的能力。现金流量表可以概括反映经营活动、投资活动和筹资活动对企业现金流入流出的影响，对于评价企业实现的利润、财务状况及财务管理，比传统的损益表提供了更好的基础。同时，现金流量表可以反映一家公司的经营是否健康。如果一家公司的经营活动产生的现金流无法支付股利与保持股本的生产能力，它得用借款的方式满足这些需要，那么从长期来看这家公司无法维持正常情况下的支出。

3）薪金计算

薪金计算是成本投入中最基本的一个部分，薪金与劳动时间成正比，与单位时间劳动率成反比。以下为日工资、小时工资的折算公式：日工资 = 月工资收入 ÷ 月计薪天数；小时工资 = 月工资收入 ÷（月计薪天数 × 8 小时）。

8. 附件

可包括创业项目的调研报告、相关管理制度、项目标志、团队成员发表的文章、专著、专利、软件著作权、获奖证书复印件等补充支撑内容。

（三）创业计划书的格式要求

不同层次的创新创业类比赛，申报书的格式也有所不同。每个比赛的组委会都会提供格式要求或模板，故可根据创新创业计划大赛的要求来填写，力争做到形式严谨、内容出彩、格式规范，能让项目给评审专家留下好的印象。

精选案例 4　2016 年“创青春”全国大学生创业计划大赛银奖作品（昆明医科大学 2013 级临床医学专业本科生）

基于人体物联网的大数据云医疗健康平台（以下简称云医疗），是针对个人提供的健康服务，无论是在医院，还是在家庭，甚至在旅途，都能将个人的健康信息通过无线网络汇集到智能云端，利用大数据分析模型对海量用户数据进行实时处理，在无须人工干预的情况下便能有效对疾病实现“发现—处置—评估”完整闭环服务。用户可随时随地得到医嘱、医疗咨询、健康看护、及时抢救。通过云医疗平台的网络商店提供对第三方开放的家庭康复产品，如：医疗床、辅助移动车、外骨骼、康复器具、健康应用软件、书籍、康复音乐，健康资讯等。通过云医疗平台提供免费的健康大众资讯、最新医学进展，开放广告投放区域，为第三方产品或服务提供广告服务平台。同时，云医疗平台建设本身就是国家和区域重大需求，可进一步推进医科院校医工、医理交叉融合。（完整申报书和商业计划书，请扫二维码阅读。）

思考题

（1）请简要说明创新创业项目申报书撰写的目的和作用。

（2）请分别说明创新类和创业类项目申报书撰写的基本内容有哪些。

（3）李红在校期间想申报一项以校园旅行社为主的创业项目，主要是为校内广大同学提供周末、小长假和寒暑假的外出旅行服务，她提交的创业计划书中有 5 个部分：项目介绍、市场分析、管理分析、竞争分析、销售介绍，提交计划书后通过校内几轮筛选，最终没有成功立项。①结合案例，你认为李红的计划书存在有哪些问题？②根据本章所学内容，请你以李红的身份写一份创业计划书提纲。

第九章

医科院校创新创业项目实例分析

本章重点

（1）医学科研类、产品开发类、商业推广类创新实践项目的选题逻辑；

（2）各类创新实践项目执行计划的设计及过程控制方法；

（3）大学生参与各类商业推广和“互联网+”实践项目的意义与风险。

第一节　医学科研类创新实践

医学研究的创新可以从几个方面去理解：①提出前人没有研究和涉及的科学问题，提出原创性的新思想、新理论；②在前人研究的基础上对原有的理论体系进行补充和发展；③在国外有相关研究资料的基础上，结合我国实际对国内相关研究的内容和数据进行完善；④对在实践中已被证实的实验结果进行总结、凝练和提升，提出新理论等。

医科院校对就读的本科生或研究生施行导师制，为学生提供了早期接触科研的机会和平台。学生应主动抓住机会，多与导师沟通，在导师的指导下，积极思考，虚心学习，主动实践，在观察中发现问题，在实践中提出思路，培养自己的创新创业能力。

医学科研创新类项目涉及医学学科下的多个一级学科，本章节主要聚焦基础医学和临床医学两个研究方向。

基础医学肩负着培养具备自然科学、生命科学和医学科学基本理论知识和实验技能的医学高级专门人才的使命。基础医学下设人体解剖与组织胚胎学、免疫学和病原生物学等7个二级学科。基础医学研究在现代医学发展中起着至关重要的作用，它作为临床医学研究的基石，推动着临床医学研究不断向前发展。基础医学研究可为临床诊断、治疗和预防疾病提供科学的理论依据，它是新技术、新发明的源泉、后盾和先导。

临床医学研究是将病人或健康者作为研究对象，依托于医疗服务机构，探讨疾病的诊断、治疗、预后、病因和预防的多学科联合的科学研究活动。其目的是通过对患者开展研究来寻找某一问题的答案，从而提高诊断水平和治疗效果，改善患者的生活质量。

对于医学生而言，基础医学知识的掌握将为临床能力的提升打下坚实的基础，临床和基础研究紧密结合，才能使现代临床医学产生一个新的飞跃。随着疾病谱的不断变化、医学模式的转变、科学技术的日新月异、交叉学科及边缘学科的不断发展，医学人才只有具备较强的创新能力和科研水平才能更好地融入和服务现代医学的发展。

一、基础医学类科研项目的选题方法

医学生如果选择参加基础医学科研创新类项目，需要经历提出问题、查阅文献、建立假说、确定方案四个阶段，每一个阶段都有可遵循的方法。

1. 提出问题

科研选题的首要问题就是提出有价值和应用需求的科学问题，爱因斯坦曾说过“提出问题比解决问题更重要”。对于基础医学科研者而言，需要瞄准当前医学实践中的难点、重点和热点问题，找准推动医学发展的切入点，提出创新性的科学问题。

2. 查阅文献

获取相关的医学信息是科研选题成功的关键点。医学文献是医学科研信息的主要载体，对医学文献的检索、分析、利用贯穿于医学科研的全过程。只有全面准确地检索、分析和利用国内外文献，才能准确把握本专业领域的前沿动态，提出新颖的有价值的研究假设，形成新的思维指向，构成新的研究起点。

3. 建立假说

建立假说是指在获得了充分的医学科研信息后，根据已知的科学事实和科学理论，对准备研究的课题提出一种假定的解释，科学的假说具有科学性、推测性、系统性和可验证性四个基本特性。

小贴士

科学假说的四个基本特征

(1) 假说的科学性。科学假说是在大量动物实验、临床实践的基础上，摸索总结出的带有规律性的认识或提炼概括出的理论思维。

(2) 假说的推测性。尽管假说是以事实为依据、通过科学思维做出的推想，但其有待于进一步通过科学实验来检验或证实。

(3) 假说的系统性。假说能够揭示的范围越大，表明假说反映客观规律的程度越好，也就是假说解释的系统性越好。

(4) 假说的可验证性。实践是检验真理的唯一标准，不能重复和验证的猜想是不能作为科学假说的。

4. 确定方案

选题报告的内容应该包括：课题的意义、立项依据、国内外有关进展、完成课题的技术路线与关键、方法及指标选择、预期结果、安排与进度、存在的问题与解决方法。

精选案例1　天麻素联合阿司匹林调控CTRP3改善心肌缺血/再灌注损伤的作用研究

临床上用心肌血运重建治疗术治疗急性心肌梗死，在迅速恢复冠状动脉血流挽救濒死心肌的同时，也会引发心肌缺血再灌注损伤（MIRI）。该课题通过建立动物模式验证了天麻素和阿司匹林联合用药对心肌缺血再灌注损伤（MIRI）的保护作用。该课题选题过程完整的经历了提出问题、查阅文献、建立假说、确定方案四个阶段，于2021年获得立项，研究工作历时一年，随后又开展了大量分子生物学研究探索了该联合用药方案的作用机制，为后续研究和临床应提供了新的分子生物学依据。（完整案例，请扫二维码阅读。）

二、临床医学科研项目的选题方法

临床医学科研项目的选题应遵循两个原则：一是具有临床意义，符合医学伦理，可最终服务于临床；二是具有创新性、科学性、可行性。临床医学研究项目的选题通常来自以下四个方面：

（1）从临床实践中发现问题。临床研究来源于实践，服务于实践。临床医务工作者掌握了丰富的临床资源，大量仍然没有得到科学合理解决的临床问题正是创新的源头，此法是最方便快捷的选题方法，同时具有突出性强、代表性和创新性强的特点。

（2）从前期研究中发现问题。前期研究也可为选题提供思路，特别是基于随机对照试验之上的系统评价和Meta分析，对于选题具有重要的参考意义和价值。系统评价和Meta分析是针对某一具体的临床问题，系统全面搜集相关文献，进行科学合理的统计学分析和研究而形成结论。

（3）从临床指南中发现问题。临床指南是人们根据特定的临床情况，系统、严格地制定出的帮助临床医生和患者做出恰当处理的指导意见。临床实践指南和专家共识中仍然存在“不确定”因素，主要包括：“写入临床指南的并非没有争议或并非都有证据支持”和“暂时确定并非永久性的结论”等方面，这些“不确定”因素也可为临床研究提供思路。

（4）源自药物临床研究。药物临床研究是新药上市和老药新用必不可少的环节。药物一致性评价的进行以及疾病预防治疗的需要，给药物临床研究带来巨大的挑战，同时也为创新药物的开发提供了一个非常好的契机。

小贴士

药物临床研究包括临床试验和生物等效性试验。药物临床试验分为Ⅰ、Ⅱ、Ⅲ、Ⅳ期，每一期临床试验都有着不同的目的和要求，相互之间层层递进。Ⅰ期也称为临床药理和毒理试验期。观察药物在人体的安全性，而不是药效，为制定Ⅱ期给药剂量和程序提供方案依据，受试对象为健康志愿者，一般要求所需总例数为20～30人。Ⅱ期又称药物治疗效果的探索性研究阶段。用较小规模的病例数对药物的疗效和安全性进行临床研究，其目的是为Ⅲ期临床试验做准备，确定初步的临床适应证和治疗方案，受试对象为满足适应证的患者，一般观察的病例数为200～300人。Ⅲ期也称治疗的临床试验。此期有严格的纳排标准，有明确的疗效标准和安全性评价标准。其目的是全面评价药物治疗作用和安全性，评价利益与风险关系，决定是否值得批准上市生产。该期试验一般应具有随机盲法对照试验，要求完成药品试验的病例数为400人或以上，通常根据不同药物略有不同，而对照病例数则无具体要求。Ⅳ期临床试验为新药上市后的临床监视期。其目的是在广泛使用条件下监测药物有无不良反应、不良反应的发生率及严重程度，同时还可使临床医生了解、认识、合理应用新药。

生物等效性试验是指利用生物利用度的研究方法，以药动学参数如半衰期、表观分布容积等为指标，在相同的条件下，比较相同药物的同种或不同种剂型的活性成分，在从制剂释放到进入血液循环的过程中的吸收程度和速度有无统计学差异的人体试验，一般需观察的健康志愿者的数量为18～24例。

在提出临床医学科研项目的科学问题后，参照基础医学类科研创新项目的流程，进行查阅文献、建立假说、确定方案等环节的工作。

精选案例2　沙库巴曲/缬沙坦对射血分数保留性心力衰竭患者疗效影响

该项目的选题来自临床医生实际工作中遇到的真实问题。研究者在查阅国内外相关的临床医学研究和基础医学研究工作的基础之上提出了科学的假设。经过了为期一年的病理收集，回顾性及前瞻性收集了大量不同患者临床数据，分析以观察沙库巴曲-缬沙坦对射血分数保留的心力衰竭(HFpEF)患者的心脏重构(CRR)效果。揭示了沙库巴曲-缬沙坦在伴随不同基础疾病的射血分数保留的心力衰竭(HFpEF)患者亚组中的效果以及不同亚组HFpEF患者的有效治疗剂量。(完整案例，请扫二维码阅读。)

第二节　产品开发类创新实践

当代大学生在校园内所能接触的创新创业实践活动，更多的是教学实践和科研学术类的项目，此类项目大多是按照学科或专业领域来划分和组织，与现实社会存在一定差距。但大学生能参与市场实践的机会并不多，即使有一些，大概率也只能是一些短期的、技术含量不高的营销推广活动。与之相比，相对长期的、系统的、高技术含量的企业产品开发类项目显得尤为稀缺，同时这对于大学生接受产品思维训练和培养市场竞争意识又是极好的机会。

一、客观看待来源于企业的产品开发项目

大学生如果选择参加产品开发类的成果转化项目，最好能选择有企业参与合作的项目，而且这个企业应该是项目的发起人和主导者。即便有一些产品开发项目不是由企业发起，至少也要有企业参与，而且在项目推行的过程中企业能发挥着重要的作用，项目结果的

成败与这个参与企业的现实利益和未来发展直接相关。

企业开发一个新产品的决定，通常都是在某个特定时期看准某一领域的市场机会的背景下做出的。在决策之前，企业会做充分周密的市场调研和可行性分析，同时对产品开发项目执行过程中的各个环节制订比较详细的计划；立项时，企业对计划开发的产品针对什么用户，解决什么问题，达到什么技术指标，未来的竞争力如何等问题大概率都已经有了清晰的目标，为达到这些目标也已经有了相对明晰的工作路线图；项目执行过程中，能很好地调动和组织技术、生产、供应链、法务、市场、销售等多方面的资源和专业人员来配合产品的开发；甚至对开发过程中会遇到的一些暂时无法突破的难点或突发问题，企业可能都有应急的预案和备选的应对措施。

大学生参与这种由企业主导的产品开发项目会有以下几个好处：

(1) 挑战来自真实的市场竞争。企业投入产品开发的动机是增加自身的市场竞争力，企业主导的产品开发项目必然是以市场为导向，所面临的挑战也必然来自现实世界的市场竞争。此类实践项目不再是按照学科或专业的界限来划分，而是按照一个个真实挑战组织起来的。大学生有机会参与这类项目，有利于训练自身的产品思维，建立在真实市场竞争环境中的体感。可避免“闭门造车出门不合辙”的主观臆断，不再停留在“纸上谈兵”似的沙盘推演模拟训练，有效地培养自身跨学科学习和跨领域合作的能力。

(2) 具备清晰的目标和执行计划。参与以企业为主导的产品开发项目，有利于让大学生对项目预期有清晰的目标。从管理学“目标设计理论”的角度分析，给参与者设定一个具体的、他有意愿接受且具备能力完成的目标，让其不断接收到目标被完成的阶段性反馈，就会激发一种源于参与者自身的强大动机，对他产生正向的激励作用。即使在项目执行过程中遭遇困难和不如意的事，参与者也能保持一种积极的心态朝向目标努力。

(3) 企业能为达成开发目标提供保障。真正完成一项产品开发工作，实现新产品的顺利上市，需要经历很多环节的工作(具体会在下一部分介绍)，这个过程中除了需要技术、生产、供应链、营销、法务等多种专业人员参与之外，还需要有不菲的资金投入，动辄投入几十万，超过百万的项目也比比皆是。产品开发项目的结果又与企业的未来发展和竞争力直接相关，所以只有企业作为产品开发的主体，又为开发项目的结果负责才是合理的。企业必然会在各个环节调动人员、资金、原材料、设备等多方面的资源，以保障开发项目达到预计目标。大学生如有机会参与此类项目实践，可以体验一个完整的产品研发周期。能有幸看到自己参与开发的产品被放上货架，受到消费者好评，这种成就感是不言而喻的。

以上三点对于大学生在真实的市场竞争环境中，接受训练思维，建立真实的体感是非常可贵的。

二、需要警惕的两类实践项目

一些非企业主导的项目虽然是打着各类“创新创业”的旗号，发起人的动机只是出于对某个领域的好奇心，甚至是一些暂时还远离现实的奇思异想，并不是迫切地要解决一个现实的问题。这类项目的目标可能也比较模糊，对于项目中哪些事该做，哪些事不该做没有清晰的边界，仅凭着一个很粗糙的计划去开展工作。如果在项目执行过程中不能调动专业的人员和有效的资源参与，又或者对可能出现的风险和不确定性没有充分的应对预案，项目很可能执行到一半就遭遇"搁浅"。不难理解，因为项目的好坏、目标达成与否，与项目发起人和项目团队的切身利益没多大关系，并不影响他们的未来的发展，当预算资金花完以后，草草收场就成了必然。

还有一类由企业冠名的项目也值得警惕，企业只是来花钱冠个名，相当于在大学校园打了个广告。在项目的实际推行过程中，企业并没有发挥什么重要作用，上述那些问题依然没有解决。这一类的产品开发项目大多只能流于形式，简单地做出一些样品来走走秀而已，所谓的"成果"往往也只能停留在纸面上。

以上所说到这些情况特别值得警惕，大学参与这样的实践项目，能获得的能力提升非常有限，再加上如果参与的深度不够，可能还会形成一种误区，误认为产品开发只是简单做一点样品出来，再做一些性能评测而已。

三、产品开发项目的设计

产品开发是一项系统的工作，涉及技术研发、质量控制、项目管理、市场营销、政策法务等多个领域，在企业中，产品开发项目通常都需要多部门协作，甚至需要公司或某一业务板块的"一把手""挂帅"推行。

下面将以化妆品的开发为例，概述性地介绍在立项以后产品开发的基本流程。选择化妆品（非特殊用途化妆品）开发作为案例是出于以下考虑：化妆品属于与医学密切相关的大健康领域，有利于发挥医科院校大学生专业特长和学科优势；相比对技术实力和资金预算要求较高的药品、医疗器械的研发，化妆品的开发门槛更低、周期更短，更适合作为大学生创新创业的实践项目，因为大学生可以有较深入的参与和相对成体系的专业训练，有利于在参与过程中建立对企业产品开发工作的系统认知。化妆品的开发需要经历的6大类34项具体工作：

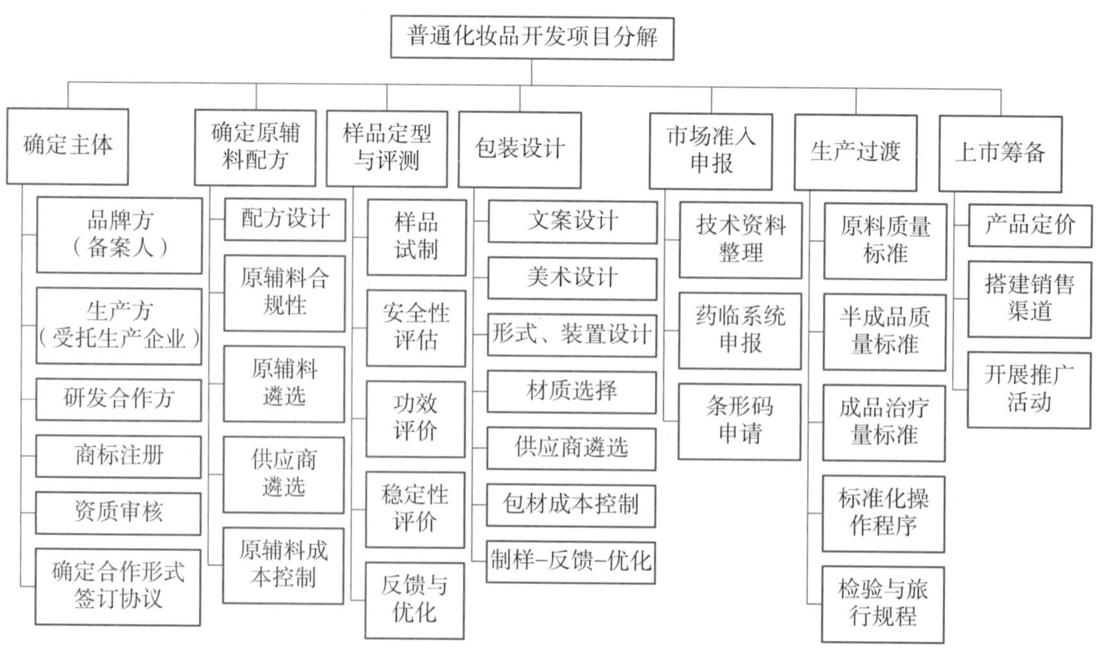

(1) 确定责任主体。首先需要确定目标产品的品牌方(即法律责任上的备案人)和生产方(即法律责任上受托生产企业)分别是谁,它们可以是同一个企业,也可不同企业[①]。它们应该都已具备生产和经营目标产品的合法资质,并且它们之间已经以协议的形式明确合作关系和双方权责。

(2) 确定原辅料配方。按照目标产品的市场定位设计化妆品配方,一方面需要确保所有的原辅料都没有超出《已使用化妆品原料名称目录》规定的范围,另一方面要求所有的供应商都能持续供应安全可靠,符合法规要求,质量、成本可控的原辅料。有时为了确保在后续生产中原辅料的持续稳定供应,一些重要的原辅料还需要考虑储备备选供应商。

(3) 样品定型与评测。经过"样品试制→测试评价→反馈优化→样品试制"这个过程的多次反复,确定最优工艺,样品定型。为确保产品的安全性、有效性、稳定性,需要在样品定型后参照《化妆品功效宣称评价指导原则》的规定,开展一系列功效学评价,参照《化妆品安全评估技术导则》开展一系列安全性评价。

(4) 包装设计。包装设计被认为是一个新品从"产品"到"商品"的二次开发,产品的包装除了承载收纳之外,也是品牌商家与其消费者对话的重要信息传播载体。化妆品的包装设计,除了需要符合《化妆品标签管理办法》中的相关规定之外,还要考虑货架陈列和广告传播等市场营销因素,同时还需要兼顾便于仓储、物流、快递发运等。

(5) 市场准入申报。完成上述工作后,需要按照《化妆品注册与备案资料规范》的规定,整理相关技术文件,向药监部门提交备案申请。待获得批准后,该目标新品才算是获得了生产和经营的合法资质,后续的生产和经营活动要接受市场监管部门的监督管理。

(6) 量产过渡与上市筹备。在生产方面,需要为目标产品的生产建立完善的质量管理体系,包括原料、半成品、成品等的质量标准和检测方法,以保证在未来大规模的生产环节中目标产品的质量可控。在市场方面,按照经典的市场营销学"4P 理论",目前才只有了产品(Product),还需为新品上市制定价格策略(Price),搭建销售渠道(Place),以及开展一系列的市场推广活动(Promotion)。

四、形成知识产权

在产品开发的过程中的智力劳动会产生很多有价值的原创性成果,这些成果应该以知识产权的形式加以保护。这种类型的知识产权可体现为专利权(包括发明专利、实用新型专利、外观设计专利)、商标权、著作权(包括软件著作、美术著作、工程设计图等)、集成电路布图设计、商业秘密等。在产品研发过程中产生的知识产权,对于持有企业是一种非常宝贵的无形资产。

大学生参与产品开发实践,接触知识产权产生和应用的过程,对于建立知识产权保护和成果转化意识是很好的机会。

---

① 按照我国《化妆品监督管理条例》第二十八条规定,化妆品注册人、备案人可以自行生产化妆品,也可以委托其他企业生产化妆品。委托生产化妆品的,化妆品注册人、备案人应当委托取得相应化妆品生产许可的企业,并对受委托企业(以下称受托生产企业)的生产活动进行监督,保证其按照法定要求进行生产。受托生产企业应当依照法律、法规、强制性国家标准、技术规范以及合同约定进行生产,对生产活动负责,并接受化妆品注册人、备案人的监督。

精选案例3 一种祛痘功效的护肤产品组合的开发

该案例选自校企合作的产品开发项目，针对痤疮(青春痘)患者个人护理问题，以云南特色药用植物提取物为主要活性原料，设计和开发功能性护肤品，包含洁面慕斯、精华露和保湿面霜。研究内容涵盖了功能性护肤品的研发、生产、销售，旨在打造一种兼具可操作性和商业价值，且能发挥医学生学科优势的创新创业实践模式。该项目历时1年，通过立项调研确定了产品设计思路，与合作企业一起完成了配方设计、产品试制、中试生产、产品评价、包装设计与制作、备案申报等产品开发工作，后期开展了大量新品上市的筹备工作。(完整案例，请扫二维码阅读。)

第三节　互联网自媒体类创新实践

在自媒体时代，用户自主创作内容并上传到互联网平台是最普遍的内容生产模式。当代大学生喜欢接触新鲜事物，并熟悉各种自媒体工具，喜欢将感兴趣的新事物制作成自媒体内容，在社交平台上分享传播。很多医学专业大学生也会将所学的医学专业和健康护理知识，融入了自身的创意，形成既具有严谨的科学观点和科学思维，又具有丰富表现力和趣味性的创意作品。

一、自媒体创意话题

(一) 公益性话题

此类话题应该是单纯的健康科普，不为任何商品或企业代言，适合在科普类的自媒体账号发布。应保证所传播的信息的科学性，既不能传播虚假、夸大、伪科学的内容，也不能断章取义误导受众。同时，科普作品中如涉及某产品的使用场景，不应出现明显的商标或品牌标识。

(二) 商业性话题

此类话题中植入了商品、服务、企业或品牌的信息元素，适合在企业类或商业广告类的账号发布。此类作品的创作和传播应严格遵守广告法中的相关规定，对产品功效的宣传不应超出该产品说明书的范畴，不可使用诸如“最好”“绝对”“第一”“包治”“根治”等绝对化字眼，也不可故意贬低或打压其他品牌产品。尤其对与健康相关的产品时(如药品、医疗器械、化妆品、保健食品等)，除遵守广告法之外，还应遵守药品监督管理局和市场监督管理局对此类产品广告的相关规定。

二、自媒体内容创作的基本步骤

第一步，确定题材。可选择如健康常识、疾病预防、科学用药等相关知识的分享或案例的解析。可以从医学典籍、科学文献、诊疗指南、临床案例等中梳理所宣传的观点，确保所传播的信息都具有科学依据。

第二步，脚本创意。在确定题材的基础上，根据自身特长选择具有原创性的表现形式，不应抄袭或大量复制他人作品，也不可使用具有侵权（版权、肖像权）风险的素材内容。可以通过人物表演来呈现剧情，也可以通过动画、剪辑、配音来传递信息。优秀的创意脚本应具备较高的可读性和话题性，可采用娱乐化、生活化、场景化的表现形式，贴近大学校园生活，如脱口秀表演、校园生活情景剧等，更有利于作品在自媒体平台的传播。

第三步，拍摄制作。目前智能手机的拍摄功能已经可以满足很多场景下的短视频制作的需求，如条件允许，也可选择成像和画质更好的数码相机进行拍摄，同时辅助以布光设备。在制作剪辑方面，入门级剪辑软件（如剪映、快剪辑）已经可以胜任大部分初级的画面剪辑、配音、配字幕等工作，如果有更高要求，也可使用更专业的剪辑软件（如 Adobe Premiere、Video Leap）。

第四步，作品发布。将创意脚本拍摄、剪辑、制作成不同话题，在适合的自媒体平台发布作品，如 2 分钟以上都长视频适合在“哔哩哔哩”发布，1 分钟左右的短视频适合发布到“抖音”之类的短视频平台，图文类的作品更适合发布到“小红书”平台。

三、与企业合作中的风险识别

企业很乐意开展以大学生为主体的互联网自媒体创业实践活动。一方面，可以起到很好的广告效应，扩大企业产品在大学生消费群体中的知名度；另一方面，可以通过互联网的传播活动，为其电商店铺增加访问客流。大学参加由企业主导的自媒体创意和传播活动时，应注意识别其中可能存在的风险。

第一，活动应以实践教育为主要目的。虽可适度植入一些商业元素，但应避免让活动变成由企业主导，利用大学生谋取商业利益的校园营销活动。

第二，活动应不要求大学生投入费用。实践过程中如涉及费用，应由企业承担，大学生自愿参与，不需要购买任何商品，并且在过程中可以自由退出。

第三，活动应不干扰校园正常的教学和生活秩序。利用互联网开展实践活动可不受时间、地点、专业的限制，不仅不能与正常课堂教学发生冲突，还应该成为丰富大学生课余活动的有益补充。

精选案例 4　个人健康护理知识在互联网自媒体内容创意制作及传播的大学生实践

该案例选自校企联合项目，由医学高校为主导，与合作企业共同围绕保护儿童视力的主题开展互联网自媒体科普内容编制，内容呈现在满足合法性、科学性的前提下，注重易读性和传播性。

整个项目经过了素材梳理、表现创意、拍摄制作三个阶段。在素材梳理阶段，通过查阅专业医学文献和书籍，整理出大量关于儿童近视防控和视疲劳日常护理的科普素材。在表现创意阶段，将科普素材中的知识点进行加工，把晦涩难懂的学术化语言转化成生活化趣味性的台词脚本；在拍摄制作阶段，邀请专业的拍摄制作团队，由项目成员自编、自导、自演，以趣味脱口秀的形式拍摄制作成若干条一分钟短视频。后期配合合作企业新品上市的时间，陆续在多个互联网短视频平台上发布，获得了很高的关注度。合作企业根据自身经验，联合了更多医学专家和开发工程师，共同为企业短视频账号不断增加新的科普内容。（完整内容，请扫二维码观看。）

Appendix

附　录

资产负债表

××××年××月××日

单位:万元

资产	年初余额	年末余额	负债和所有者权益	年初余额	年末余额
流动资产:			流动负债:		
货币资金			短期借款		
应收票据			应付票据		
应收账款			应付账款		
预付款项			预收款项		
应收利息			应付职工薪酬		
应收股利			应交税费		
其他应收款			应付利息		
存货			应付股利		
持有待售资产			其他应付款		
一年内到期的非流动资产			持有待售负债		
其他流动资产			一年内到期的非流动负债		
流动资产合计			其他流动负债		
非流动资产:			流动负债合计		
长期应收款			非流动负债:		
长期股权投资			长期借款		
投资性房地产			应付债券		
固定资产			长期应付款		

（续表）

资产	年初余额	年末余额	负债和所有者权益	年初余额	年末余额
在建工程			预计负债		
工程物资			递延收益		
固定资产清理			其他非流动负债		
生产性生物资产			非流动负债合计		
油气资产			负债合计		
无形资产			所有者权益：		
开发支出			股本		
商誉			资本公积		
长期待摊费用			其他综合收益		
递延所得税资产			盈余公积		
其他非流动资产			未分配利润		
非流动资产合计			所有者权益合计		
资产总计			负债及所有者权益总计		

利润表

* * * * 年度

单位：万元

项　　目	本期金额	上期金额
一、营业收入		
减：营业成本		
税金及附加		
销售费用		
管理费用		
财务费用		
资产减值损失		
加：公允价值变动收益(损失以“－”填列)		
投资收益(损失以“－”填列)		
资产处置收益(损失以“－”填列)		
其他收益		
二、营业利润(亏损以“－”填列)		
加：营业外收入		
减：营业外支出		
三、利润总额(亏损总额以“－”填列)		
减：所得税费用		
四、净利润(净亏损以“－”填列)		

现金流量表

＊＊＊＊年度

单位:万元

项　　目	本期金额	上期金额
一、经营活动产生的现金流量		
销售商品、提供劳务收到的现金		
收到其他与经营活动有关的现金		
购买商品、接受劳务支付的现金		
支付给职工以及为职工支付的现金		
支付其他与经营活动有关的现金		
经营活动产生的现金流量净额		
二、投资活动产生的现金流量		
收回投资收到的现金		
投资支付的现金		
投资活动产生的现金流量净额		
收到其他与投资活动有关的现金		
构建资产支付的现金		
取得投资收益收到的现金		
处置资产收回的现金净额		
三、筹资活动产生的现金流量		
取得借款收到的现金		
吸收投资收到的现金		
收到其他与筹资活动有关的现金		
偿还债务支付的现金		
分配股利、利润或偿付利息支付的现金		
支付其他与筹资活动有关的现金		
筹资活动产生的现金流量净额		

References

参 考 文 献

1. 白春娇，杜安强. 医科院校学生职业发展与就业指导[M]. 北京：科学出版社，2021.
2. 杨国华. 医学高等院校创新创业教育研究——昆明医科大学创新创业教育改革研究成果[M]. 昆明：云南人民出版社，2020.
3. 鲁百年. 创新设计思维（第2版）：创新落地实战工具和方法论[M]. 北京：清华大学出版社，2018.
4. 张凌燕. 设计思维[M]. 北京：人民邮电出版社，2015.
5. [英]蒂姆·布朗. IDEO，设计改变一切（10周年纪念版）[M]. 侯婷，何瑞青译. 杭州：浙江教育出版社，2019.
6. 范东亚，谭荣. 大学生职业生涯规划与创新创业教育. 重庆：重庆大学出版社，2020.
7. 斯蒂芬·P. 罗宾斯，玛丽·库尔特. 管理学[M]. 北京：中国人民大学出版社，2012.
8. 王克岭，张建民. 管理学（第二版）[M]. 北京：高等教育出版社，2015.
9. 菲利普·科特勒，凯文·莱恩·凯勒. 营销管理[M]. 北京：中国人民大学出版社，2012.
10. 亚历山大·奥斯特瓦德. 商业模式新生代（经典重译版）[M]. 黄涛，郁婧译. 北京：机械工业出版社. 2016.10.
11. 李伟. 创新创业教程（第2版）[M]. 北京：清华大学出版社，2019.
12. 杜永红，梁林蒙等. 大学生创新创业教育—基于互联网+视角（第2版）[M]. 北京：清华大学出版社，2019.
13. 通识教育规划教材编写组. 大学生创新创业教程（慕课版　双色版　第2版）[M]. 北京：人民邮电出版社，2019.
14. 杨京智. 大学生创新创业基础（大赛案例版）[M]. 北京：人民邮电出版社，2020.
15. 王冀宁，陈红喜. 大学生创新创业教育案例集萃和实践指南[M]. 北京：科学出版社，2020.